Vivir feliz en par

I0118047

Ornella Gadoni - Angelo Musso

VIVIR FELIZ EN PAREJA

dve
PUBLISHING

A Luca y David, con nuestro amor de pareja.

Traducción de Gustau Raluy Bruguera.
Diseño gráfico de la cubierta de Mireia Vidal Terré.
Fotografía de la cubierta de Design 3.
Ilustraciones de Giusy Musso.

© Editorial De Vecchi, S. A. 2019
© [2019] Confidential Concepts International Ltd., Ireland
Subsidiary company of Confidential Concepts Inc, USA
ISBN: 978-1-64461-445-7

Índice

Introducción

La pareja es el resultado de una relación entre dos personas cuyo objetivo es compartir un proyecto de vida, y que se basa en la capacidad de amarse mutuamente, de prestarse apoyo y de evolucionar juntos, sin que el uno represente un obstáculo para el otro.

La expansión del Romanticismo alemán introdujo un nuevo concepto de pareja, entendida como la realización de un impulso afectivo libremente elegido por cada individuo. Las dos personas, que se ven y se gustan —es decir, se enamoran—, se convierten en una pareja que busca la manera de compartir el camino de la vida.

Antes del Romanticismo, las parejas se creaban por la fuerza de la necesidad. En primer lugar, por la necesidad de sobrevivir. Posteriormente, con la estructuración de las comunidades sociales, la organización de las ciudades y las relaciones sociales, esa necesidad se convierte en comodidad o conveniencia. Las familias, en el sentido dinástico y tradicional del término, son las que deciden con quién se debe casar la hija; normalmente, la elección recae sobre el hijo de una familia conocida y acomodada, porque dicho matrimonio comportará un beneficio social o económico. Es más, muchos matrimonios se producían en el seno de una misma familia, por una cuestión de intereses meramente prácticos. Eran matrimonios de conveniencia propiciados por los deseos de los familiares y, por tanto, los cónyuges debían aceptar a la fuerza la pareja que les había sido impuesta, y luego tenían que aprender a amarla.

La necesidad era el criterio que predominaba por encima de los sentimientos que, por el contrario, deseaban manifestarse libremente. Las dificultades eran muchas e imprevisibles. No existía la posibilidad de conocerse y averiguar si en efecto los caracteres y los proyectos eran compatibles. Todo transcurría según el antojo de los dioses y de la familia.

Con la llegada del Romanticismo surgen las primeras rebeliones contra los esquemas familiares. Los amantes huyen de casa y regresan con las nupcias cumplidas, el rígido vínculo de la unión humana y mística que consagra sin retorno la unión matrimonial.

Actualmente, las parejas se eligen, viven largos periodos de noviazgo, ensayos de convivencia, y luego se casan y deciden tener o no tener hijos. No obstante, las estadísticas demuestran que, a pesar de todas estas experiencias de vida en pareja antes del matrimonio, todavía se registran muchos casos de separación y divorcio.

Las parejas que no se rompen no son sólo aquellas cuyos miembros se han elegido y se han analizado mutua y libremente, sino las que llevan a cabo un esfuerzo conjunto, comparten una serie de características y se ayudan recíprocamente a alcanzar los objetivos. Todas las parejas tienen mil motivos cada día para separarse. Sin embargo, la voluntad de estar juntos, el afecto, la sexualidad y los proyectos comunes se convierten en el cóctel que las salva.

Son muchas las dificultades que encuentra el individuo en su intento de relacionarse con una persona por la que experimenta emociones y sentimientos, y la mayor parte de las veces surge una auténtica sensación de desasosiego. Las personas que viven en pareja, de hecho o matrimonios, también tienen dificultades. Son abundantes los casos de personas que describen relaciones difíciles, incluso imposibles, y que se ven invadidas inevitablemente por el deseo de separación.

A partir de estas consideraciones, se nos plantea una serie de preguntas a las que intentamos dar respuesta en este libro. ¿Existe realmente la pareja idónea? ¿Por qué algunas parejas son indestructibles? ¿Qué es lo que las mantiene unidas? ¿Es cierto que con el paso del tiempo es imposible seguir estando enamorado de la pareja?

El amor no es sólo un término. Es también un símbolo que contiene múltiples interpretaciones, que se prestan a ser vividas por cada indivi-

duo de forma personalizada, a través de su propio carácter, de sus emociones y de sus comportamientos afectivos y sexuales. Cada ser
humano representa un universo de ideas, emociones, sensaciones, in-
tuiciones, sentimientos, educación, cultura, tradiciones y expectativas.
Cuando una persona entra en contacto con otra —su objeto de deseo
sentimental—, se encuentra con otro universo constituido también por
ideas, emociones, sensaciones, etc., vividos e interpretados de una
forma totalmente personal y exclusiva. Tanto es así que el encuentro
puede convertirse en un choque.

La fuerza emocional y sentimental del enamoramiento no deja en-
trever la realidad de la personalidad, porque la luz del amor es cega-
dora. Todo es maravilloso, único, energético. Sin embargo, cuando el
efecto emotivo del enamoramiento se atenúa, aflora una percepción
real de la otra persona, y empiezan los primeros problemas, los que tienen que ver con la comprobación de la compatibilidad de la pareja.

Un estudio reciente, realizado por psicólogos estadounidenses sobre el *flooding emotivity*, del que hablamos en el presente libro, demuestra que las incompatibilidades de pareja causan trastornos en los
sistemas nerviosos central y periférico, cardiovascular, endocrino e inmunológico. Es evidente que para conservar la salud es importante poder vivir bien el amor y la relación de pareja. Por esta razón, para afrontar el espinoso tema de la compatibilidad entre los dos individuos que
forman la pareja, hemos añadido un test de carácter, individual y de relación. Mediante esta prueba, el lector puede determinar qué tipo de
carácter es el suyo y descubrir el grado de compatibilidad que tiene con
otros tipos de carácter.

Además, encontrará consejos muy valiosos para superar las dificultades de entendimiento y mejorar la relación de la pareja ya formada o
incipiente.

Asimismo, a partir del dictado de la experiencia profesional, ofrece-
mos unos consejos y unos modelos-patrón para quienes tengan dificultades en las relaciones. Uno de los elementos más importantes que se
plantean en estos casos es la timidez. Por ello, exponemos sus causas y
explicamos diversos remedios para superarla.

Para entender las emociones, los estados de ánimo y la intencionalidad de los demás hacia nosotros, hemos dedicado un capítulo a la ges-

tualidad. Asimismo, hemos creído oportuno explicar las modalidades de besos y describir las distintas técnicas para besar con arte.

En definitiva, este manual proporciona las instrucciones necesarias para viajar por el mundo de la relación de pareja. Empieza por el análisis de las emociones del deseo, se introduce en el terreno de la seducción y llega, a través de los comportamientos generados por la búsqueda de unos fines concretos, al origen de un sentimiento que hace que dos individuos se organicen como una pareja.

En la segunda parte de este libro se tratan los aspectos psicológicos de la sexualidad y sus trastornos, tanto masculinos como femeninos. No faltan curiosidades científicas sobre los efectos aromáticos y olfativos de las esencias para estimular y aumentar el grado de satisfacción sexual de la pareja.

La tercera y última parte trata la vida en pareja en la tercera edad. Estas parejas están formadas por personas ancianas y realizadas desde el punto de vista social que, sin embargo, tienen otros intereses culturales y gozan de unas posibilidades de relacionarse que nunca antes se habían dado en la historia de la humanidad. La pareja de la tercera edad desea descubrir nuevas formas de amar, sobre todo a través de las relaciones sociales y culturales, un fenómeno que podría definirse como una «nueva psicopedagogía» de la pareja en el tercer milenio.

Primera parte

COMPORTAMIENTOS Y SEDUCCIÓN

Saber ser uno mismo para seducir

Más allá de la ilusión

Cogito ergo sum («Pienso, luego existo») dijo Descartes, filósofo y médico, cuando se dio cuenta de la importancia de la acción de la mente en las funciones del cuerpo.

A. Mesmer, experto en el arte del magnetismo y de la sugestión hipnótica, afirmaba que es posible condicionar y estimular a cualquier individuo, previamente inducido a un estado hipnótico, a realizar todo tipo de acciones.

La psicología moderna, que estudia el comportamiento de los seres humanos, define a los individuos mediante el estudio de su personalidad, estructura corporal y las elecciones emotivas de estudio y de trabajo que llevan a cabo.

No es ninguna novedad el hecho de que el vínculo entre la mente y el cuerpo es tan fuerte que se puede afirmar que un elemento implica al otro. Pero el aspecto más interesante, que condiciona la determinación de los rasgos estables de la personalidad de un individuo, es la existencia de las funciones emotivas, que pueden inducir a elecciones en un principio atractivas, pero que en realidad después no son más que ilusiones.

Las funciones emotivas se dividen en positivas y negativas. Nuestras emociones positivas, que se convierten en sensaciones de placer, tienden a manifestarse y piden a la mente poder ser expresadas y gratificadas mediante una serie de opciones y de comportamientos encaminados a la obtención de un fin. En cambio, las manifestaciones negativas no siguen habitualmente esa tendencia. Es el caso, por ejemplo, del disgusto, la timidez, la ansiedad y los estados depresivos. Este tipo de emociones tienden a permanecer ocultas. Para ser descargadas y superadas, en el intento de mantener el equilibrio, se elaboran solamente en el plano mental.

Los seres humanos son sensibles a las sugestiones externas, precisamente a través de las funciones emotivas que propician la reacción. Pero estas no están originadas exclusivamente por estímulos externos, sino que también existe la posibilidad de la autosugestión.

La autosugestión permite entender el proceso que tiene lugar en el individuo cuando se produce la autoilusión de enamoramiento. Hay un cierto tipo de individuos, generalmente tímidos e introvertidos, que al enamorarse experimentan una auténtica explosión emotiva y sentimental que no son capaces de controlar. La fuerza del enamoramiento les parece incontenible, y les da miedo exteriorizarla, porque temen que la persona deseada presencie esta explosión emocional. Así, se inicia el círculo vicioso de la autosugestión. El intento vano de autocontrolarse racionalmente a través de la voluntad crea situaciones y conductas cómicas, que ponen en evidencia el estado de enamoramiento de la persona que pretendía esconderlo. Las consecuencias de todas las manifestaciones emotivas y de comportamiento que resultan extrañas por ser producto de la inhibición son, por un lado, ridiculizar a la persona enamorada y, por otro, provocar la huida de la persona objeto del enamoramiento, que, como es obvio, ve al presunto enamorado como alguien emotivamente frágil.

La persona enamorada corre el peligro de ver cómo toma cuerpo la «tragedia». En efecto, se siente rechazada y cree no ser deseada o merecedora de ser correspondida en su amor. Entonces, cuando experimenta de nuevo este tipo de emoción, la tendencia a la inhibición es mayor y las situaciones ridículas, más frecuentes.

Así nace y se estructura la incapacidad de relacionarse afectivamente, por la imposibilidad de diferenciar al otro de uno mismo, causada por un exceso de timidez, que no deja lugar a la verdadera capacidad de enamorarse y de amar que, por esta misma razón, acaba influyendo en uno mismo. El individuo se aísla cada vez más y prefiere la soledad a los intentos de relación afectiva con otros, que acaba considerando un fracaso a priori y una pérdida de tiempo inútil. Sus intereses se orientan a temas personales, y cada vez se relaciona menos con el mundo que le rodea, actitud que justifica afirmando tener poca predisposición para la vida en pareja porque le interesan otro tipo de cosas. Por este motivo se habla de «ilusión de amor», y no de amor verdadero.

Otra forma de amar ilusoriamente es el amor ciego. En este caso, la persona nota el despertar emocional del enamoramiento, pero solamente percibe la explosión del amor, y se aferra a esta sensación, perdiendo la capacidad de valoración objetiva, hasta el punto de que cree amar a la otra persona, cuando en realidad solamente le atrae la agradable sensación del enamoramiento y, por lo tanto, no lo considera como lo que realmente es. En la práctica, lo que sucede es que la relación de amor se corta en el primer instante, cuando ambos elementos de la pareja viven el ardor de la flecha de Cupido. Falta el desarrollo sucesivo, para conocerse, para intimar, para construir un futuro con sentido crítico.

> La ilusión consiste en perderse en un estado de «enamoramiento del amor». Esta situación de ilusión sentimental aleja a la persona de la posibilidad de tener una vida de relación real. La persona «ilusa» se arriesga a vivir el amor proyectándolo únicamente sobre sí mismo. Como una forma de inconsciente desorden sentimental de tipo narcisista.

Esta forma de ilusión de amor representa un gran obstáculo en el momento de construir una pareja duradera, porque la excitación del enamoramiento, en cuanto tal, no puede perdurar. En una pareja, los individuos pueden estar enamorados el uno del otro durante largos periodos, pero es cierto que no pueden transcurrir años de enamoramiento constante vivido con la misma intensidad incontenible de los primeros momentos. Una unión fuerte solamente puede lograrse con una alternancia de momentos críticos y racionales y momentos exclusivamente emocionales.

En el caso de que uno de los miembros sea incapaz de vencer la embriaguez causada por la flecha de Cupido, puede ocurrir que una historia de amor se convierta en una historia amarga. Hay personas que se aprovechan de estos enamorados «ilusos» que se dejan llevar por la atracción hacia el amor y se convierten en compañeras poco sinceras, que saben que pueden jugar con la pareja cegada por las sensaciones del enamoramiento. El daño psicológico y moral que se produce en este tipo de historias sentimentales puede llegar a extremos preocupantes e, incluso, desembocar en un final trágico.

En el estado emotivo de la atracción inciden factores sociales y psicológicos.

Así, puede darse el caso de que alguien se enamore del contexto en el que se ha constituido la pareja, del papel profesional del individuo objeto del deseo, del ambiente que frecuenta, o bien se enamore por motivos que tienen que ver con el pasado y que le hacen entender mal el verdadero amor.

La lista de ejemplos de factores que inciden en este tipo de enamoramiento es interminable, pero la consecuencia siempre es la misma: la ilusión del amor. Se cree estar enamorado de la pareja y, en cambio, se está enamorado de aquello que satisface el factor social o psicológico por el cual se siente atracción. Ciertamente, una pareja duradera no puede asentarse en unas bases con estas características.

Cada individuo tiene una serie de responsabilidades morales y psicológicas. No se debe jugar nunca con los sentimientos de los demás, ni con los de uno mismo, ni mucho menos aprovecharse de ellos. Una conducta clara propicia la superación de la posible tendencia a ilusionar a los demás. La voluntad de conocerse a uno mismo, de entender la propia personalidad, sirve para aprender a no ilusionarse. Por último, entender el funcionamiento emotivo, afectivo y sexual de uno mismo significa conocerse.

Conociéndonos nosotros mismos, sabiendo cuáles son los puntos fuertes y débiles de nuestra personalidad, podemos enfrentarnos a la vida y relacionarnos con otros individuos, llevando una existencia con sentido, es decir, con amor.

Escuchar al otro

Una de las funciones más importantes de la inteligencia es

la capacidad de escuchar las informaciones, sobre todo, de escuchar a los demás, con una facultad intelectiva que es una mezcla entre la función cognitiva y la afectiva.

Se aprende a escuchar a través de la educación y de la formación escolar. Con la edad debería perfeccionarse, aunque esto depende de la personalidad del individuo y del interés que tenga en relacionarse con los demás.

La unión de las funciones cognitiva (entendimiento) y afectiva (comprensión) es lo que hace que un individuo esté en condiciones de escuchar correctamente.

No siempre se tiene capacidad de escuchar. Frecuentemente, factores sociales, culturales y psicológicos condicionan el contenido de lo que se escucha, que puede ser malinterpretado y, en consecuencia, dar lugar a equívocos. *Quien mal entiende, peor responde* reza un proverbio que nos conmina a prestar atención a las palabras de los demás y nos ayuda a evitar malentendidos que, en el mejor de los casos pueden ser graciosos, pero en el peor pueden convertirse en el origen de un conflicto. En el amor también hay que hacer caso de esta advertencia. Nos servirá para evitar desilusiones y nos permitirá perseguir el objetivo con la máxima claridad, que es el presupuesto básico para construir una pareja compenetrada.

La tendencia mayoritaria es dar prioridad a la expresión verbal, más que a la capacidad de escuchar. Con mucha frecuencia se habla para llenar vacíos, por ejemplo, en un primer encuentro. El silencio crea incomodidad y, en muchos casos, la conversación se convierte en una pugna por tener la palabra, pasando por alto el respeto de los turnos propios de un diálogo correcto. El diálogo, como tal, está constituido por las aportaciones de ambos interlocutores, que han de saber alternar la palabra y, sobre todo, han de saber escuchar. Sólo así el diálogo resulta enriquecedor, estimulante y completo. En caso contrario, se convierte en un monólogo en presencia de otro individuo.

Hasta aquí hemos descrito dos actividades importantes que deben ser tenidas en cuenta para escuchar bien: oír los contenidos y respetar el tiempo de expresión del interlocutor; pero hay un tercer factor que influye notablemente en la capacidad de escuchar: la combinación de la función cognitiva (entender el contenido del discurso) con la función afectiva (entender con el corazón). Y no siempre resulta fácil concordar ambas funciones, porque muchas veces no se acepta emocionalmente lo que se entiende, y viceversa. El ritmo de elaboración mental es muy distinto del de elaboración emotiva: en unas ocasiones, el primero es más rápido, porque es un proceso lógico; en otras, la función cognitiva ralentiza la comprensión de algo que en el plano afectivo sería inmediato. Todo ello comporta una inquietud que provoca sufrimiento, sin poder dar con la clave del problema. Sólo conociéndonos a fondo, estando predispuestos a cuestionarnos o, más exactamente, escuchándonos a nosotros mismos, se puede identificar este estado de ánimo falto de armonía y, en consecuencia, determinar qué lo provoca, y así deshacer una posible contradicción interna que puede repercutir en la capacidad de escuchar.

Observarse a uno mismo

Al ser humano no le resulta fácil observarse a sí mismo, ya que demuestra tener dificultades para percibirse y observar la conducta, las emociones y los sentimientos propios. La principal dificultad reside en valorar objetivamente los pensamientos y la filosofía de vida de uno mismo. Esta es una de las razones por la cual resulta importante el diálogo y la relación con los demás, porque son el único camino para acceder de inmediato a una serie de informaciones que tienen que ver directamente con nuestro comportamiento. Nosotros somos quienes hemos de elegir a las personas dignas de nuestra confianza, capaces de entender nuestra conducta y emociones. No se trata de confiar sólo en la lectura de los demás, sino de encontrar en ellos un espejo en el que podemos reflejarnos. De la misma manera que delante de un espejo no perdemos la capacidad crítica de nuestra percepción física, también es importante que nos observemos a través de nuestras funciones cognitivas.

Observarse a uno mismo es fundamental para conocerse y asumir las responsabilidades morales y psicológicas que nos corresponden. Ahora bien, ¡hay que observarse con ganas de ver!

Cuando se observa de cerca algo que nos afecta y que no funciona demasiado bien, muchas veces se empieza a cambiar en una dirección positiva. Parece como si el comportamiento o la sensación reaccionaran al hecho de ser observados. En realidad, el simple hecho de considerarlos atentamente provoca cambios.

No cabe duda de que la predisposición a la observación es un claro indicativo de deseo de revalorización de las convicciones personales y de disponibilidad para cambiar en la medida en que sea necesario, replanteando algunas de dichas convicciones, que podrían parecer inadecuadas si no se observaran debidamente.

Identificar y aceptar las propias debilidades

Todos los seres humanos poseen la capacidad innata de percibirse interiormente, es decir, de notar emocional y físicamente si se está bien o se está mal. Del mismo modo, cualquier persona es capaz de saber si tiene dificultades para expresarse o para relacionarse con los demás. Descubrir las debilidades propias, reconocerlas, aprender a controlarlas hasta superarlas, en lugar de aislarlas o de encerrarse en uno mismo, es fundamental para la mejora y el bienestar psíquico y físico.

Consejos para seducir: ser uno mismo y cambiar

En primer lugar, hay que ser uno mismo; no sirve de nada intentar ser otro, asumir un papel o copiar conductas de otras personas que, en nuestra opinión, tienen éxito en las relaciones con los demás. Ante la primera dificultad se producirá el derrumbamiento de la personalidad falsa, y se llegará a una situación de jaque mate que puede repercutir muy negativamente en las habilidades reales que todo ser humano posee.

El individuo ha de entenderse a sí mismo para crecer y desarrollarse según el temperamento y el carácter que conforman su personalidad, que está en continua evolución personal y social.

Aunque los fracasos del pasado parezcan suficientemente numerosos como para disuadir a un individuo de cualquier otra tentativa de relación, afrontar la situación preocupado por el fracaso no es, ciertamente, el mejor camino para triunfar. Hay una gran diferencia entre decir «no lo he hecho» y «no lo he logrado». El hecho de no lograr algo debe enmarcarse en una situación temporal, que, observada con atención, puede cambiar.

Cuando surgen dificultades en una relación, lo primero que debe hacerse es determinar el problema y reconocer modestamente las dificultades. Puede ocurrir que una persona se sienta inhibida en las relaciones o que no tenga interés por establecer contactos, pero, a veces, si no se analiza, ni tan siquiera se da cuenta de la existencia de esta dificultad.

Conviene precisar que todos los problemas personales están constituidos por sensaciones. Esto no significa necesariamente que se encuentren por fuerza dentro de nosotros mismos o que no tengan ningún otro componente; significa que la tendencia es no reconocer la presencia de un problema hasta que uno siente insatisfacción. La sensación que se experimenta ante una dificultad está causada por la divergencia entre cómo son las cosas y la manera que desearíamos que fueran. La preocupación en sí misma no es negativa; la forma que tenemos de percibir la divergencia —o sensación de insatisfacción— es la que nos indica la presencia del problema. Y puede ser el primer impulso hacia el cambio.

El siguiente paso consiste en buscar la causa del problema. Para ello, resulta fundamental una observación clara y sincera. Es necesario recabar datos, por ejemplo, anotando cada día los principales puntos de desarrollo de la jornada y profundizando en las situaciones críticas. Esta forma de proceder ayuda a definir las causas del problema y a conocer el comportamiento de uno mismo en las distintas situaciones.

Los motivos por los que es necesario «cambiar para seducir» pueden ser varios: particularidades del carácter o del temperamento —por ejemplo, timidez excesiva— que provocan conductas poco adecuadas para seducir; factores psicológicos —como fracasos anteriores—; factores sociales —por ejemplo, la sensación de considerarse profesionalmente poco valorado (lo mismo puede ocurrir en el ámbito académico), la imposibilidad de frecuentar un determinado club, o no pertenecer a un ambiente social concreto, etc.

Para mejorar la capacidad de relacionarse, con la idea de estar en condiciones de seducir, se pueden poner en práctica algunas estrategias que, con un poco de voluntad y de astucia, marcan unas líneas de mejora personal, sin alejar al individuo de la propia consciencia de sí mismo y de sus habilidades.

Aspectos que deben cambiar	Estrategias
La mayor parte de las veces las dificultades se incrementan por el ansia que el individuo experimenta con sólo pensar en una aproximación.	Uno de los mejores remedios es trabajar la relajación mental y muscular, para facilitar la superación de la ansiedad y reducir así las dificultades.
Es preciso controlar el marasmo que se desencadena en la mente. Los pensamientos se suceden alocadamente, intentando prever antes de tiempo cada situación y sugiriendo la desalentadora fantasía de un ridículo inexorable.	El remedio consiste en centrar la atención en ideas e imágenes relacionadas con la situación que se desearía vivir. El objetivo es frenar los pensamientos inconexos y pesimistas que tienden a imponerse.
Para evitar que las sensaciones de incomodidad nos bloqueen y nos incapaciten con el fin de tener la reacción adecuada.	Se puede imaginar la situación futura, concentrándose mentalmente en cada uno de los detalles. Cuanto más claramente se consigue visionar la situación, más posibilidades hay de que la estrategia se salde positivamente. Para ello es aconsejable conocer el lugar donde se producirá el encuentro, de modo que se favorezca la visión mental con el máximo realismo. Esto permite anticipar las situaciones, las posibles dificultades, las respuestas, etc. El objetivo que se persigue es mejorar el desarrollo del encuentro. Esta estrategia prolonga y supera el punto de partida de la segunda, y en ella no debe tener cabida el desaliento y el fluir de los pensamientos pesimistas que crean imágenes negativas y situaciones indigeribles.

(continuación)

Si los obstáculos parecen insuperables y las posibilidades de éxito mínimas.	Se deben subdividir los propósitos. Afrontando el camino a pasos pequeños, los objetivos se hacen más factibles y aumentan las posibilidades de éxito.
Siempre hay que observar con objetividad.	De este modo se descubre que los demás no son perfectos y que las dificultades existen para todo el mundo. Además, a partir de la observación se puede determinar un modelo que se nos parezca y que pueda servirnos de ejemplo que nos inspire en la tercera estrategia. Pero, cuidado, no se trata de ocupar el lugar del modelo: no olvidemos que, pese a los cambios, tenemos que ser siempre nosotros mismos.
No hay que caer nunca en el victimismo, debemos ser capaces de darnos a nosotros mismos la consideración que merecemos.	Hay mensajes positivos que sirven para cargar las pilas, para reforzar y recibir el impulso necesario para superar las dificultades. Por ejemplo, se pueden poner adhesivos en el espejo del baño, en las puertas de los armarios, de la habitación o del frigorífico, en el salpicadero del coche con frases cortas estimulantes («¡Eres un tío estupendo!», «¡Eres feo, pero divertido!») o viñetas simpáticas.

La seducción

La habilidad negociadora

En el origen de una relación de pareja basada en el amor hay siempre un acto de seducción. El enamorado pone de manifiesto sus mejores argumentos para intentar impresionar a la persona que quiere conquistar. En este momento entra en juego la habilidad negociadora, puesto que para seducir hay que saber mostrar lo mejor de uno mismo a la vez que conservar la capacidad de observación objetiva. La aplicación de las estrategias de seducción se convierte, por lo tanto, en una negociación. Con ello no se resta fascinación al acto seductor, pero es importante conocer su verdadera naturaleza. En el momento en que las dos personas que podrían constituir una pareja se estudian mutuamente, cada una descubre en la otra las expectativas personales sobre el compañero ideal y, al mismo tiempo, intenta darse a conocer ella misma también como compañero o compañera ideal. Por consiguiente, desde este punto de vista, la conquista amorosa se convierte en una negociación privada entre dos personas, que buscan una serie de características concretas en la otra. En algunos casos hay intransigencia, en otros, en cambio, se está dispuesto a pactar. Cuando disminuye la capacidad de negociación, cuando se es muy rígido y exigente en la búsqueda de unas cualidades específicas, la negociación resulta más difícil y, por tanto, disminuyen las posibilidades de éxito. Lo mismo puede decirse cuando no se está dispuesto a cambiar nada de uno mismo en el delicado paso de vivir solo a formar parte de una pareja.

Encontrar la pareja adecuada, con quien se pueda experimentar los placeres físicos y el amor, es una de las responsabilidades más importantes de la vida. Y las oportunidades de hacerlo con éxito existen en cualquier lugar. Todas las personas sin pareja deberían saber que para encontrar a su media naranja, con quien construir un amor y una felicidad duraderos, basta un solo contacto, un encuentro, un único esfuerzo... y una sola vez puede ser la buena.

TODOS ESTAMOS PREDISPUESTOS A SOCIALIZAR

Nunca hay que dejar de buscar a la persona adecuada para compartir y construir valores, amor y felicidad. No hacerlo significa rendirse inútilmente; en cambio, buscar a la media naranja da un sentido a nuestros esfuerzos. Las posibilidades de encontrar un compañero o compañera aumentan proporcionalmente al número de contactos que se establecen con los demás.

Las oportunidades se nos presentan si tenemos la disponibilidad de saberlas apreciar e identificar, procurando vivir momentos sociales con serenidad y entusiasmo, evitando ser presumidos y distantes, sin adoptar actitudes poco favorables, sugeridas por experiencias negativas anteriores.

Cuando alguien se lamenta del escaso interés de las personas y amigos que participan en reuniones sociales, ocasiones de encuentro —por ejemplo, fiestas—, aduciendo las pocas oportunidades que se le brindan de elegir una posible pareja, lo que en realidad hace es proyectar su falta de entusiasmo a esas personas. Si el individuo en cuestión rectifica y piensa que quizá sus consideraciones están influidas por experiencias poco favorables del pasado y que debe abrirse a nuevas posibilidades, sin prejuicios, podrá corregir la forma en que vive las situaciones sociales, aunque las personas que estén a su alrededor tengan valores y estilos de vida diferentes del suyo.

En cualquier caso, al elegir hay que ser siempre selectivo, para evitar desilusiones y pérdidas de tiempo. Puede ocurrir que se coincida con un grupo de gente con la que sólo se consigue perder el tiempo, con el riesgo de ser anulado, quedar absorbido por el grupo y el resultado de retrasar el desarrollo personal o de trabajar para los intereses del grupo, que no siempre coinciden con los propios.

Es difícil encontrar personas que no tengan sentimientos orientados a la socialización con los demás, pero cuando esto ocurre suele ser a causa de puntos de vista equivocados o negativos sobre uno mismo

(continuación)

o sobre los otros. Cuando uno se da cuenta de ello y se corrige, el sentimiento antisocial disminuye, muchas veces desaparece, dando paso a la habilidad en la negociación: la persona se vuelve más tolerante, dispuesta a valorar y a seleccionar. Este tipo de habilidad, precisamente, nunca debe faltar en el momento de la seducción.

Una forma eficaz de vencer la timidez, el nerviosismo y los sentimientos de antisocialización consiste en escuchar bien al que habla. Esta atención provoca una reacción amistosa por parte del hablante y aumenta la capacidad de comunicar y maniobrar. Escuchar atentamente es una forma muy útil de valorar las posibilidades de que el interlocutor se convierta en alguien más próximo.

LIBERTAD Y OSADÍA

Las personas que temen lo que los demás puedan pensar de ellas mientras intentan «ligar» pierden muchas oportunidades de encontrar pareja. Muchas ocasiones se escapan al negarse a actuar a causa de la timidez o del miedo a ser rechazado.

Para encontrar un compañero hay que acercarse a los demás con libertad y osadía. Esto significa que, tanto por parte del hombre como de la mujer, toda aproximación es buena, desde el primer momento de contacto con la persona que nos gusta.

Por miedo a ser rechazados, muchos pierden oportunidades preciosas, pero este miedo tiene que disminuir cuando se considera la esencia del rechazo: puede depender del modo en que uno se presente, de que se haya elegido a un individuo no disponible, que ya tiene pareja, o porque durante la aproximación se descubren rasgos de la personalidad del otro que hacen perder motivación e interés por la conquista.

Los rechazos no deben considerarse una tragedia. En realidad, forman parte del proceso de elección y permiten una eliminación rápida de ocasiones no prometedoras, con la mínima pérdida de tiempo.

La timidez

Se suele decir que la timidez se cura con los años. El tiempo enseña a controlarla o, por lo menos, a convivir con ella. Perfecto, pero ¿y mientras tanto? ¿Cómo se puede luchar contra el molesto sonrojo cuando «él» se acerca, cuando se recibe un cumplido o, peor todavía, cuando a uno le toman el pelo? Desgraciadamente, sólo hay una respuesta: esperar, porque con los años el fenómeno se atenúa.

No obstante, hay que procurar controlarlo. La primera norma es no dramatizar y no estar pensando en ello continuamente, con una actitud obsesiva de temor y de ansiedad. En cualquier ataque de timidez subyace el pánico, el miedo a notar que alguien nos está clavando la mirada en la espalda o está hablando de nosotros.

Según Sigmund Freud, situarse en el centro de atención es una predisposición narcisista que se enmarca en primera línea en el mundo femenino. Por lo general, las mujeres conservan más que los hombres la fase psicoemotiva de comportamiento que recibe el nombre de *narcisismo primario*. El narcisismo (que consiste en centrar el afecto en uno mismo) se manifiesta de forma natural, espontánea y sin mesura alguna en la primera infancia. Al evolucionar, este impulso afectivo disminuye, aunque todos los seres humanos lo mantienen durante toda la vida, como garantía de conservación del amor y confianza en uno mismo y de percepción del esquema corporal.

La timidez, al ser una reacción de temor ligada con la idea de centrar la atención en uno mismo, tiene su origen en el comportamiento narcisista de la primera infancia. Tal como hemos dicho, en el niño muy pequeño se manifiestan comportamientos orientados a atraer la atención sobre su persona. Si durante este periodo es apoyado, entendido, ayudado y moderado en su afán de centralizar las atenciones vive una fase narcisista sana y útil para sentirse parte integrante del núcleo familiar. Esto le representará una gran ventaja en la relación con los demás, difícilmente se sonrojará cuando se hable de él y sabrá ser feliz y agradecido; adquirirá confianza en su comportamiento y será un individuo sociable y social. Sin embargo, cuando los padres no consiguen expresar adecuadamente el reconocimiento y la estima por la individualidad en proceso de formación de su hijo, puede ocurrir que no sepan transmitir el afecto y el apoyo suficientes para permitirle construir la fe primaria en sí mismo.

La situación se puede agravar todavía más —como dice el psiquiatra A. Lowen— cuando los padres tienen una visión del niño que se aparta de la realidad. En este caso se corre el peligro de que la conducta de los padres, que con seducción emotiva intentan hacer corresponder la figura real del hijo con la imagen que de él se han formado, condicione el comportamiento del niño. Cuando al narcisismo, que al principio es necesario porque centra al niño, le faltan los cuidados adecuados y estimación se crea una distorsión afectiva que conforma la base de la timidez.

Vencer la timidez

La timidez reduce el contacto y las oportunidades con personas que potencialmente podrían convertirse en pareja. Debe ser superada en cuanto se identifica como problema. En caso contrario, podría crearse un círculo vicioso por culpa del cual el individuo, al no ser comprendido a causa de su introversión, se encierre más en sí mismo hasta convertirse en un solitario. Y esta soledad puede dar pie a una imagen errónea de la persona y hacer que parezca arisca y aburrida.

Un paso importante para vencer la timidez es aceptarse uno mismo tal como es. Para ponerlo en práctica, es preciso darse cuenta de que no existe ningún modelo con el cual identificarse o que haya que imitar para alcanzar el éxito y la felicidad.

Un individuo tímido raramente es aburrido. Una persona aburrida es poco interesante, obtusa y molesta; no resulta aburrida para ella misma, sino para los demás. Se puede ser aburrido y pesado para alguien y, al mismo tiempo, resultar simpático y atractivo a otros.

> Para vencer la timidez, una persona debe aceptarse a sí misma tal como es, sin ningún sentimiento de culpa, y tiene que desear lo que quiere de manera racional, sin tener en cuenta lo que los demás pueden decir o pensar de ella.

El tímido ha de superar la ansiedad que le produce la diferencia entre su simpatía y afecto reales y los que le otorgan los demás, que no alcanzan a verlo en su totalidad a causa de la timidez.

Para superar la ansiedad por inhibición expresiva causada por la timidez es aconsejable llevar a cabo una actividad comunicativa y de relación social regular. Son adecuados los ejercicios en grupo como la práctica deportiva o la expresión corporal.

Puede ser una buena ayuda ensayar delante de un espejo y observar los movimientos de los ojos, de los labios, los gestos. Otra técnica es conversar con un amigo sobre los temas delicados típicos de una persona tímida; controlar y puntuar las afirmaciones de la conversación hasta evitar que se desencadenen involuntariamente aquellas descargas de adrenalina que provocan el sonrojo.

Un poco de paciencia, entrenamiento y constancia son los ingredientes indispensables para controlar la timidez o, como mínimo, sus efectos desagradables. Todo el mundo enrojece cuando algún detalle ataca su intimidad, pero en las personas que saben controlar sus emociones se nota menos. Sonrojarse es un fenómeno natural, es una manifestación del cuerpo que expresa las sensaciones que experimenta. La única manera de controlar las manifestaciones típicas de la timidez es recuperar la confianza primaria en uno mismo y en las propias capacidades. También es importante tener en cuenta que los demás están más dispuestos de lo que parece a aceptarnos tal como somos, sonrojos incluidos.

Cómo competir con los guapos

Las personas a quienes la naturaleza no ha dotado de un físico particularmente agraciado tienen que esforzarse en desarrollar el carácter y la competencia. Han de hacer todo lo posible para imponer su personalidad superior en la disputa por una pareja. En cambio, las personas dotadas de una belleza natural no tienen la misma necesidad urgente de desarrollar el carácter y la competencia.

La tendencia natural a la perfección física no es una fuerza evolutiva que se encuentre bajo el control del hombre. Sin embargo, las acciones regidas por la inteligencia del hombre pueden ser más competitivas que la apariencia física natural, no sólo para la procreación y la supervivencia, sino también para la prosperidad, la felicidad y el amor.

Cuando se está enamorado, es fundamental proponerse al otro con claridad y simplicidad. Hay que observar algunos puntos para empezar del mejor modo posible. Cuando uno se muestra tal como es, resulta más fácil hacerse apreciar, porque uno mismo se presenta al otro sin miedos ni inhibiciones que puedan causar confusión y perplejidad. Es importante conocerse a uno mismo para saber ofrecerse a la otra persona y valorar con objetividad si dicha persona nos conviene.

Mostrarse uno mismo

Quienes confían en la belleza natural o en el atractivo físico para controlar las situaciones amorosas suelen tener dificultades a la hora de vivir una historia de amor. Esto se debe al hecho de que, en la mayor parte de los casos, prescinden del esfuerzo y la disciplina necesarios para el desarrollo de las capacidades de recibir o dar amor y los placeres que de él se derivan.

Quienes responden a una aproximación inicial de manera espontánea y sencilla, a menudo son los mejores candidatos para vivir el amor de la mejor forma posible. Por esta razón es conveniente que una persona muestre su personalidad sin reservas desde el principio, para que el proceso de selección pueda funcionar y, así, encontrar en las mejores condiciones posibles a la media naranja.

OFRECERSE UNO MISMO

Analizando el tipo de lenguaje que utilizan dos enamorados se demuestra la simplicidad y la espontaneidad que presiden una relación de amor: las carantoñas, las sonrisas, los gestos afectuosos, el tono de voz y las caricias que acompañan las palabras representan un retorno a los primeros intercambios de afectos recibidos durante la infancia. Cuando el corazón late al ritmo del amor, cuando se produce la sincronización de dos corazones, fluye la espontaneidad y la sencillez, igual que en la relación simbiótica que vive una madre con su hijo recién nacido.

Esta comparación nos ayuda a reflexionar acerca de las características esenciales de los momentos de la seducción. Si pensamos en el amor que los padres profesan por sus hijos no podemos evitar asociar otro sentimiento: la alegría de vivir, que colma y completa al individuo (padre) que extraordinariamente se encuentra en una condición de generosidad desmesurada. Esto es lo que constituye la base del amor: la generosidad. Por tanto, el ingrediente indispensable para seducir es la generosidad.

(continuación)

El esquema de amor recibido durante la infancia se reproduce en la edad adulta. Simplificando al máximo el concepto de amor, se puede afirmar que, del mismo modo que un niño desea atraer constantemente la atención de sus padres y ama de forma posesiva, los dos enamorados desean poseerse recíprocamente. Si se entiende esta analogía, se comprende la importancia de saber ser generoso en la relación de pareja. Aceptar las peticiones de la persona que se quiere conquistar puede garantizar buenos resultados.

No existe ninguna fórmula mágica para seducir a quien nos atrae, ni tampoco un único método. Afortunadamente, el mundo es variado, y cada individuo tiene sus propias características y necesidades. La pericia estriba en valorar qué es lo más adecuado para «cazar» a la persona deseada (una minifalda, un peinado sofisticado, ropa interior especial, el aspecto cuidado en todos los detalles, un perfume), sin olvidar que, ante todo, lo que más ayuda es la disponibilidad hacia la persona a quien se quiere seducir.

OFRECER REGALOS

Insistiendo en el tema de la generosidad, debemos pensar que el regalo hecho con el corazón es el único que puede ser definido como un *don*, en el sentido de «ganas de dar», es decir, por generosidad. Aunque no siempre ocurre así; en realidad, a menudo la intención que se esconde detrás de un regalo es el deseo de obtener una respuesta afirmativa a una petición, conseguir el perdón por alguna falta o simplemente hacerse notar.

Un regalo hecho por el mero placer de dar es, con toda seguridad, el regalo más indicado para la persona que lo recibe, y se convierte en un elemento que contribuye positivamente en el éxito de la seducción, pero no hay que pensar en ello mientras se da porque, de lo contrario, el grado de generosidad pura disminuye. Lamentamos la tortuosidad del concepto, pero es precisamente así: una vez más, la generosidad desapasionada sugiere la conducta más acorde con el acto de la seducción.

OFRECER PALABRAS Y GESTOS

Díselo con flores. He aquí un clásico eslogan que sugiere presentarse de modo amable, y que demuestra que algunos gestos convencio-

(continuación)

nales son los más expresivos. En cada cultura, este tipo de gestos adopta un significado diferente. Sobre este tema, Desmond Morris ha publicado un libro titulado *Los gestos del mundo*, en el que ilustra las expresiones más comunes entre los pueblos y sus múltiples interpretaciones. De las apreciaciones que hace el autor se deduce que la situación contextual condiciona las expresiones. Por ejemplo, para los esquimales frotarse la nariz sustituye al beso, porque por culpa del frío siempre van tapados y la única parte del cuerpo que sobresale de los vestidos es la nariz.

¿Cuántos gestos acompañan a la seducción? ¿Existe un lenguaje del amor? ¿Las palabras se escuchan sólo con las orejas? Estas preguntas nos conducen, de nuevo, a la capacidad de escuchar del receptor. Es obvio que la intención del seductor es seducir. Para lograrlo, ha de saber elegir la palabra y los gestos más indicados, contemplando la manera en que los demás pueden percibirlos, mediante las funciones cognitiva y afectiva.

El tono de voz y los gestos modifican notablemente el contenido de la palabra. Por esta razón más adelante se realiza un análisis del significado oculto de los gestos de la seducción con el fin de interpretar los de las personas que nos quieren seducir, así como aprender a usar los más apropiados en nuestras seducciones.

El primer minuto

El corazón me ha dado un vuelco, tengo ante mí a la persona más encantadora y atractiva que jamás he conocido... Sería maravilloso salir juntos, conocernos y, ¿por qué no?, amarnos.

Es bastante probable que en algún momento de la vida, estas ideas hayan aflorado en nuestra mente y hayan puesto en marcha una serie de mecanismos generadores de dudas o que nos han hecho conceder más o menos peso a un gesto mínimo efectuado por otra persona, de modo que lo hemos interpretado como un signo de éxito en la conquista amorosa.

«Sí, es verdad, me ha sonreído; no me ha dicho nada, pero me ha parecido que sus ojos me miraban.» O bien: «Me ha preguntado si quería quedar con él. ¿Qué hago, le digo que sí inmediatamente o me hago la interesante?». Y, una vez concertada la cita: «¿Qué ropa me pongo?».

Durante la fase de enamoramiento el fuego del amor arde con tanta fuerza que hace que dejemos en segundo plano todo lo demás. Nos ocurre un poco como a los niños que mientras juegan son incapaces de atender a ninguna otra cosa, abstraídos temporalmente de la realidad; es el espacio de lo imaginario, donde se revelan las ideas más románticas. Se sueña una vida con él o con ella, y normalmente nos representamos como los personajes de una fábula, en la que se sonríe, se abraza y se habla de manera sensual y casi se percibe un aura rosa como fondo de tan romántica situación. En estos momentos todo parece fácil y factible. Una ola de optimismo y confianza invade todos los deseos y parece alejar la racionalidad.

De vuelta a la cotidianidad

Cuando dos enamorados empiezan a salir, cuando superan el primer impacto y adquieren confianza mutua, comienza el entendimiento, pero también, paralelamente, las críticas. Poco a poco la fascinación inicial va menguando. Esto permite realizar las primeras observaciones, que dan pie a los primeros conflictos.

Al principio todos «sus» gestos, todos «sus» movimientos son la cosa más dulce del mundo, y motivo de satisfacción máxima. Además, en los inicios el enamorado tiene gran tendencia a propiciar situaciones románticas, porque está absorbido por aquella atmósfera que le aísla de la realidad cotidiana, en donde parece que se rivalice en ser el más cariñoso.

El después no es el final de una ilusión, sino el regreso a la vida cotidiana, hecha de esfuerzos y de prisas. Entonces, una vez constituida la pareja, se corre el riesgo de abandonar la importancia de los detalles y de las situaciones románticas. Es cierto que el estado de enamoramiento consiste en un momento emocional tan intenso que no puede mantenerse indefinidamente, pero también lo es que si la pareja quiere ser duradera no debe descuidar la fantasía y el romanticismo.

El color rosa que lo tiñe todo en la fase inicial no puede ni debe diluirse pasada la fase inicial. Es más, para evitar desilusiones inútiles, fracasos anticipados, conviene saber adaptarse a los otros colores de la vida, incluso a los más intensos y llamativos.

La memoria del inicio

Una forma de conservar vivo el interés de los dos enamorados es mantener la memoria del inicio. Esto no significa que se tenga que vivir de recuerdos, porque es evidente que la pareja debe evolucionar y estar en sincronía con las nuevas situaciones de cada día. De todos modos, recordar bien el pasado, los primeros pasos, las primeras situaciones románticas o cómicas, las primeras complicaciones, etc., procura un gran bien al corazón. El resultado es inmediato, cualquiera puede hacer la prueba: un día en que estalle un conflicto, se pueden recordar las primeras impresiones que se tuvieron sobre la pareja, la forma como se la conoció, etc. Si la pareja es estable, con toda probabilidad después de estas consideraciones la cólera disminuirá notablemente y se estará en disposición de efectuar las oportunas aclaraciones.

En el terreno de lo emocional y de las vivencias profundas de dos personas que forman una pareja, es fundamental compartir la memoria del inicio de la relación.

En la década de 1990, se realizaron programas de televisión basados en este tipo de contenidos. Uno de ellos consistía en reproducir situaciones tradicionales de pareja. Por ejemplo, en un grupo de amigos formado por varias parejas se decidía separar a uno de los miembros de una de ellas; el que se quedaba junto con el resto de amigos tenía que responder a una serie de preguntas sobre el momento en que conoció a su pareja, que en esta parte del juego se encuentra ausente. Se anotan todas las respuestas y se llama al otro miembro de la pareja, que no sabe qué ha manifestado su «media naranja». Seguidamente, empiezan las comprobaciones. Se le formulan las mismas preguntas y se comprueban los fallos de memoria respecto a las vivencias pasadas. El juego es divertido por las incongruencias que muchas veces se generan, y, además, la pareja se refuerza sentimentalmente con la evocación de sus inicios.

Este juego se basa en el estímulo recíproco de las funciones mnemónicas de la pareja. Asimismo, ayuda a mantener vivo el presente y proporciona proyecciones emotivas hacia el futuro. La plena consciencia del pasado favorece la evolución de la pareja hacia el futuro.

Atracción fatal

Los orígenes de la sexualidad

La sexualidad es un misterio que nos implica en primera persona, nos interpela, nos sitúa en un estado de estupor o de inquietud. Reducirla a un mero problema que debe ser resuelto comportaría la exclusión de la persona misma que lo plantea.

En el mundo animal, la sexualidad se identifica con su propio objetivo: la unión, más o menos transitoria, de dos individuos con el objetivo de reproducirse (incluyendo el cortejo y las satisfacciones que de ella se derivan).

A diferencia de lo que sucede con los animales, el hombre no posee a priori una solución para la sexualidad. La atracción que se da entre los sexos, en cuanto que vinculada a la vitalidad orgánica, es una pulsión que, al igual que en los animales, nace de una necesidad específica, y por ello puede ser definida como instintiva. Sin embargo, el comportamiento al que da lugar no puede calificarse de innato. El componente emotivo y el erotismo superan con creces la necesidad real o la sustituyen por otra imaginaria. En el ser humano, la necesidad sexual carece por completo de la periodicidad típica del mundo animal (que se manifiesta en forma de periodos de celo). Al contrario, encuentra pulsiones permanentes que no lo abandonan. En definitiva, el ser humano tiene la capacidad de disociar el placer del fin biológico del apareamiento, de modo que el placer se convierte en sí mismo en un fin del comportamiento sexual.

Desde los inicios de la historia de la humanidad, la sexualidad se ha considerado un signo de potencia y de posibilidades. Precisamente por este motivo suscita conductas ambivalentes y está sujeta a prohibiciones y exorcismos que, a lo largo de los siglos y en función de las culturas, se manifiestan de formas distintas. Por esta misma plasticidad, la sexualidad se carga de una simbología que repercute en diferentes planos de la existencia. La reducción a simple búsqueda de placer parece fruto de nuestra sociedad.

Otras sociedades más antiguas veían en el eros humano la expresión del eros cósmico. Por tanto, toda acción humana adquiría un significado cósmico, y todo aspecto cósmico se traducía en experiencia humana. En la creación y la recreación de la vida se veía algo sagrado. Las propias figuras del hombre y de la mujer se utilizaban en la personificación de las fuerzas celestiales o terrenales, que en todas las mitologías aparecen como masculinas o femeninas. La penetración de la Tierra por parte del Cielo se veía como una unión sexual que daba origen a todos los seres. Esta relación cósmica ha dado lugar a que la Tierra, la Gran Madre, sea un símbolo de fecundidad.

Uno de los rasgos de las sociedades agrícolas es el paralelismo establecido entre la fecundidad de la tierra y la de la mujer. De ahí surgió la idea de que la realidad terrenal estaba llena de fuerza, y por ello la sexualidad se vuelve tabú, palabra que proviene del verbo polinesio *tapui*, que significa «lo prohibido» (la violación del tabú comporta, más que un castigo, una desventura, porque es la fuerza misma la que se venga, sin que sea necesaria ninguna intervención exterior).

> La sexualidad se plantea ante todo como una condición de la existencia y un fundamento de la identidad personal: el hombre y la mujer son las dos únicas formas de ser persona.

Una consecuencia directa es que, por un lado, la sexualidad no puede separarse del hombre, porque es uno de sus componentes esenciales y, por otro, el hombre no puede limitarse al uso fisiológico del sexo. Como había observado Freud, lo sexual no se identifica con lo genital, es decir, con el conjunto de órganos y de funciones relacionadas con la reproducción. Las relaciones humanas son siempre sexuadas, aunque no todas son sexuales.

La corporeidad denota la estructura dual del ser: el cuerpo propio llama al cuerpo del otro. Recordando las palabras de Sartre, «mi deseo por el otro y el deseo del otro por mí es lo que me permite percibir mi ser sexuado y el ser sexuado del otro»[1]. En la sexualidad se configura la individualización del otro y lleva implícito un movimiento que supera la individualidad: la función reproductora, a diferencia del resto de funciones, sólo se tiene de manera incompleta. Por ello es un área privilegiada para que tenga lugar el amor.

Así, el ser en el otro recoge el significado de la sexualidad humana. El amor utiliza la sexualidad, en tanto que tendencia instintiva a la unión, como el medio más adecuado para la concreción de una vida con el otro.

> En tanto que encuentro del yo y del tú, desposeído del amor, la sexualidad encarna, y a su manera lleva a cabo, el esfuerzo del ser humano para superar su cualidad de finito.

Las propias diferencias fisiológicas entre los dos sexos no se pueden entender sólo a partir de las condiciones biológicas de reproducción, sino que adquieren un significado específicamente humano. El sexo se remite a la intencionalidad fundamentalmente amorosa de la persona. Es el modo de ser en el mundo, amando, que da significado a la sexualidad masculina y femenina, y le confiere una estructura polarizada.

Femenino y masculino son dos posibilidades de existir. No son un simple fruto de identificación o un producto aleatorio del complejo de Edipo. Forman parte de una estructura trascendental de la persona que pone intencionadamente un sexo en relación con el otro. Esto no representa en modo alguno la hipóstasis de realidades psíquicas, sino modos de ser en el mundo.

Los sexos constituyen una pareja de opuestos no contradictorios: el uno no contradice al otro, sino que lo afirma. Son dos realidades que no pueden derivar una de la otra y, sin embargo, una no puede concebirse sin la otra. Una sólo es posible en relación con la otra, y cada una contiene en ella misma algo de la otra, como si fuera un preanuncio.

---

1. Sartre, J. P., «El ser y la nada», en *Il Saggiatore*, Milán, 1975.

La conyugalidad de los principios masculino y femenino es parte inherente de cada sexo. La realización como hombre o como mujer se remonta a la profundidad del principio opuesto, no apaga la polaridad: una actitud totalmente unilateral empobrecería y haría monótona la vida. Dicha conyugalidad intrapersonal nos vuelve a llevar a la conyugalidad interpersonal del hombre y de la mujer. La comunidad amorosa es creativamente productiva y, al mismo tiempo, creativamente receptiva.

El hombre y la mujer no están uno al lado del otro, sino uno frente al otro, porque una especificidad no se establece si no es en relación con la otra. Adán no puede nacer, si no es con Eva. Creemos que la complementariedad de los sexos debe entenderse desde esta perspectiva. El hombre y la mujer sólo pueden alcanzar la plenitud mediante la integración mutua.

La complementariedad de los sexos

Para entender la experiencia del encuentro sexual tenemos que distinguir tres esferas: la pulsión elemental (lo que normalmente se denomina *instinto*), el erotismo y el amor.

Por lo general, la pulsión se relaciona con el concepto de necesidad, entendido, en sentido estricto, como una carencia, una necesidad del ser vivo en relación con el mantenimiento del equilibrio orgánico. Pese a surgir de forma espontánea, la necesidad requiere, y en cierta manera anticipa, el objeto idóneo de la gratificación personal, y este objeto constituye la señal capaz de desencadenar el comportamiento adecuado.

Toda actividad de apropiación originada por una necesidad —y, desde el punto de vista biológico, el comportamiento sexual elemental es una necesidad— concluye en el placer que, por tanto, no puede quedar reducido a una excitación externa, independiente de un factor interno, subjetivo, que la llama y la completa. Entonces no es un puro reclamo fisiológico, sino un deseo que supera la necesidad real o la sustituye por otra imaginaria. Pues bien, el erotismo se diferencia de la pulsión elemental, como el deseo se diferencia de la necesidad.

En el plano humano, la necesidad no responde siempre a la falta de algo: también puede ser un impulso de afirmación y ampliación de la existencia.

Esta última se orienta a un objeto concreto, finito, y con la urgencia de ser satisfecho va en busca de su agotamiento. El deseo, al tomar vida en la representación del objeto, no depende estrictamente de la concreción de lo real y tiende a aplazar la satisfacción completa para prolongar el goce. Pero al ser infinito e indefinido, su satisfacción nunca es igual a la esperada. En el erotismo podemos ver un intento de rescatar al ser humano de la animalidad que lo acecha. El comportamiento instintivo, propio del animal, se desencadena por la percepción de una señal específica y determinada. El erotismo se desarrolla en el ámbito de lo simbólico, juega con la ambigüedad, con la interpretación inagotable de una significación. Es la capacidad de experimentar el propio ser sexual no simplemente en el acto genital, sino en todas las acciones que pueden tener alguna relación con la sexualidad. El fin del erotismo es la seducción, mientras que la sexualidad elemental, en su precipitada voracidad, busca la posesión inmediata, la consumación del objeto. La pulsión tiene que ver con el cuerpo, no con la persona ni con la relación. El erotismo, en cambio, exige la presencia humana del otro. En ella se producen gestos que tienen significado humano. En cierta manera se valoriza al otro, arrancándolo del anonimato de una relación puramente genital para sumergirlo en una ternura sensual. El erotismo expresa la función lúdica de la sexualidad y, en cuanto tal, es un aspecto de la ternura. Así, la sexualidad deja de ser un mero impulso o un simple juego para dirigirse a un tú, entregándose uno mismo.

Del mismo modo en que la sexualidad es un lugar privilegiado para el encuentro, también puede constituir una ocasión privilegiada para el engaño y la dominación. Sin lugar a dudas, en el encuentro sexual la persona del otro no me interesa si no es a través del cuerpo, pero la unión puede seguir una doble lógica: la de tomar y ser tomados, o la de la entrega recíproca, garantizada por la libertad recíproca.

La reflexión antropológica moderna ha colocado la sexualidad en la dimensión de la capacidad de relación del hombre, una dialéctica del vivir con los demás. La sexualidad pertenece a la intencionalidad dialógica de la persona, que encuentra en el amor la propia coronación. En la unión amorosa del yo y del tú, mediada por la sexualidad, el hombre es capaz de llevar a cabo la plenitud de sus posibilidades, casi franqueando los umbrales de lo infinito y lo eterno. La relación sexual revela una necesidad de absoluto, una aspiración a la inmortalidad, de la que el amor es figura y, al mismo tiempo, esperanza.

La dialéctica entre hombre y mujer

Cuando nos enamoramos, intentamos consciente o inconscientemente potenciar nuestra mejor parte, la que creemos más verdadera y atractiva, para gustar y resultar interesantes. Sin embargo, sucede a menudo que la persona a la que intentamos deslumbrar aprecia más otros aspectos de nuestra personalidad. La relación afectiva con el ser amado nos lleva a valorar aquello que él percibe, en detrimento de lo que creíamos a priori, hasta el punto de esforzarnos al máximo en descifrar cualquier señal, cualquier matiz comunicativo, que el amante nos envía para no descuidar ningún símbolo que podría alimentar la exaltación amorosa. Así, la comunicación amorosa se reviste de atenciones hacia el otro y de cambios repentinos de la percepción que tenemos de nosotros mismos, para resaltar lo que la pareja aprecia con el fin de ser seductores.

Puede ocurrir que en este tortuoso mecanismo de comunicación se cree confusión. Puede que uno de los miembros de la pareja se exceda en la valoración de las señales del otro y se adapte a él exageradamente. La otra persona puede aprovechar para hacer que se comporte como ella quiere, a través de la adulación, hasta el punto de despersonalizarla y conseguir que responda a la menor señal del seductor.

En la interacción entre dos enamorados hace falta una comunicación en la que ambos componentes de la pareja participen activamente, evitando así que se instaure un desequilibrio cuyo resultado sea un seductor y un seducido.

La dinámica de pareja debe prever que ambos componentes de la misma sean, al mismo tiempo, seductores y seducidos.

La participación consiste en ser activos y pasivos en fases alternas. La alternancia es indispensable para que se estructure el amor más allá de la seducción.

La dialéctica de la seducción es una comunicación entre dos polaridades opuestas: una solar y otra lunar. Esta afirmación coincide con el estudio sobre tipos psicológicos de Carl Gustav Jung, que sostiene que en el interior de cada individuo coexisten dos polaridades: una femenina, llamada *anima*, y otra masculina, denominada *animus*.

La seducción es característica de los primeros momentos de comunicación entre dos posibles amantes; después, no puede decirse que sea inexistente, pero no es la característica dominante, porque obstaculizaría la verdadera comunicación, clara y sincera.

Ambas polaridades se atraen precisamente porque son opuestas y complementarias: la solar brilla con luz propia, mientras que la lunar refleja la luz solar; ninguna de las dos puede prescindir de la otra, la primera no podría reflejarse y la segunda no podría brillar. Estas polaridades están condenadas a ser siempre dos elementos, pero al mismo tiempo tienen que constituir la esfera dentro de la cual se desarrolla el amor. Los componentes de la pareja han de sentir curiosidad, más allá incluso de la relación a dos, han de tener nuevas oportunidades para enriquecer a la pareja con los nuevos conocimientos y seducir al otro explicando las nuevas adquisiciones. El seducido refleja el esplendor del seductor, pero tiene que saber superar esta fase para, a su vez, poder iluminar la pareja, seduciendo al compañero a través de nuevas experiencias socioculturales, vividas dentro o fuera del marco de la pareja.

El hombre necesita polarizar, es decir, ha de poder identificarse a sí mismo proyectándose en el otro; en geometría, un punto no tiene dimensiones, pero si se dibuja un punto más distante se puede crear una extensión.

Todo está en base a dos: el día y en contraposición, la noche, la luz y la oscuridad, lo bueno y lo malo, lo bonito y lo bello, lo viejo y lo joven, el hombre y la mujer. Los opuestos son característica vital, dan equilibrio al cosmos. Por tanto, el amor es equilibrio, es armonía cósmica. El amor se convierte en una confrontación entre dos, para ponerse a prueba y obtener así energía vital nueva.

La emoción que estructura el amor

Desde pequeños nos acostumbramos a oír cuentos en los que se viven relaciones amorosas muy fuertes que nos hacen soñar y desear que llegue el día en que nosotros también nos enamoremos igual que los protagonistas. Poder vivir una historia de amor tan extraordinaria que parezca una fábula, en la que todo es perfecto y todo funciona a las mil maravillas incluso pasada la fase de seducción, es el sueño de muchos, aunque pocos están convencidos de lograrlo. Pero, si es un sueño tan codiciado, ¿por qué parece tan difícil de realizar?

Una vez se ha encontrado a la persona con quien se cree poder construir una relación de amor, a menudo nos invade una cierta desorientación, y surge una especie de necesidad de buscar un inexistente manual de instrucciones que nos enseñe a hacer funcionar la relación. A falta de instrucciones, se procede por tentativas.

Precisamente aquí podemos encontrar la «fórmula mágica»: cualquier amor es ganador en sí mismo y no puede ceñirse a unas instrucciones, ni tampoco puede tener modalidades y mecanismos comunes; si un mismo individuo vive dos historias de amor en épocas distintas, no deberá intentar seguir el mismo camino en las dos historias.

No obstante, es posible establecer algunas etapas comunes que se recorren a ritmos diferentes. El encuentro, el deslumbramiento del enamorarse, la flecha de Cupido que atraviesa el corazón y nubla la vista, que se orienta exclusivamente hacia el amado, la confusión, la incapacidad de conservar la racionalidad, el deseo de detener el tiempo y la privación de todo lo que ocurre alrededor de la visión de la pareja son las características típicas de los primeros momentos del amor, que con frecuencia se desarrollan antes de empezar a salir juntos. Este es el momento en que los principios masculino y femenino se atraen, precisamente porque son opuestos y, al mismo tiempo, complementarios. Cada individuo tiene dentro de sí un mapa en el que se pueden leer las coordenadas de su alma gemela. Este mapa está constituido por la predisposición genética, el carácter, la experiencia, el historial afectivo del pasado y la imaginación. El sentimiento no se desarrolla de la misma manera en cada uno de nosotros, las diferencias se deben a la personalidad de cada cual.

El sentimiento está estrechamente ligado al deseo sexual: cuando se siente atracción hacia el otro, se desea alcanzar la fusión más completa, en cuerpo y alma. La sexualidad vital nos lleva siempre de alguna manera a salir de nosotros mismos, a tender hacia el otro o, mejor dicho, hacia el *nosotros*. Pero esto no es suficiente. El erotismo es un aspecto de la ternura; sin embargo, la constitución del *nosotros* es obra del amor y no de la pulsión fisiológica ni del erotismo, que por ellos mismos, si no se combinan con el sentimiento, al desconocer a la persona en su totalidad, destruyen la comunión en lugar de construirla.

Las modalidades de estructuración del amor

Al referirse a los principios masculino y femenino, es indispensable tener en cuenta los cambios que han tenido lugar en nuestros días y las consecuencias de la emancipación femenina, que ha causado en el hombre una gran confusión primero con respecto a la mujer y luego con respecto a sí mismo. Este fenómeno ha influido en las modalidades de estructuración del amor.

No hay que olvidar tampoco la revolución sexual, que a partir de la década de los sesenta ha acompañado a los enfrentamientos generacionales como símbolo de libertad, hasta acabar creando un cierto grado de incertidumbre entre los componentes de la pareja. El sexo en grupo, los intercambios de pareja o el sexo virtual han inducido a considerar, erróneamente, que el amor podía separarse del sexo.

En la pareja, el entendimiento sexual difícilmente nace de forma espontánea, sino que forma parte de la dialéctica entre el hombre y la mujer. Así, en los inicios del cortejo, la atracción es muy fuerte, hasta el punto de que se extiende por todo el cuerpo y se desea espontáneamente la unión con el otro. Puede darse el caso de que las expectativas no se cumplan, y lo que se había imaginado no se llegue a vivir, o bien se produzca una crisis al disminuir el encanto inicial.

El entendimiento nace de un trabajo consciente, organizado y estructurado igual que el amor. No se pueden separar amor y sexo, del mismo modo que ninguno de los dos puede dar lugar por sí solo a una relación duradera. El sexo ya no es una obligación, como lo había sido en tiempos pasados, especialmente para las mujeres, ni tampoco es sólo un motivo de distracción y de transgresión para los hombres.

Vivir bien el sexo presupone un reconocimiento previo de los papeles de ambos componentes de la pareja. Significa, además, saber cuáles son las diferencias entre ellos y desarrollar la relación aceptándolas y respetándolas, para que cada uno pueda realizarse sin tener que sacrificar el espacio personal.

Los componentes de la sexualidad, símbolos de lo intrusivo y lo receptivo, ponen en evidencia una primera polarización: la penetración, la tendencia extrínseca y productiva, el deseo de transformación de lo masculino frente a la acogida femenina, el dejarse acercar, elaborar para proteger y conservar. De ahí, no es difícil extrapolar hacia los temas existenciales. Lo masculino aparece bajo el signo distintivo de la tendencia hacia el exterior, su acción penetra y aferra el mundo, el mismo mundo que la modalidad femenina conduce inmediatamente hacia la interioridad. La impaciencia masculina choca con la estabilidad femenina. Puesto que para el hombre el mundo abierto y lejano se encuentra bajo el signo de la lucha y la conquista, es un mundo de cosas, para la mujer lo es de personas. La posición excéntrica de la existencia masculina lleva al hombre a percibir el mundo como una realidad hostil a su acción, pero, gracias a la feminidad, la existencia humana se reconduce hacia la inmediatez de la vida y el mundo se observa como un horizonte de valores. En primera instancia, surge la lógica de la violencia —del hombre sobre el hombre y del hombre sobre la naturaleza—; después, aparece la lógica de la reconciliación —del hombre con el hombre y del hombre con la naturaleza—. Ello favorece, sin ningún tipo de dudas, el planteamiento del *nosotros* de una forma coherente, sin que se vea perjudicada la existencia del *tú* y del *yo*.

El sexo es un placer que enriquece y que hace sentirse bien; de ahí, que sea fundamental para sentirse realizados, no sólo como pareja sino también como individuos. Disfrutar de la vida también significa poder vivir el orgasmo. Quien vive el amor practicando el sexo tiene más serenidad, está más presente en las situaciones, sabe gozar de los éxitos personales y de los demás, percibe las cosas desde un punto de vista creativo y evolutivo.

Así pues, el amor involucra al cuerpo, y no lo hace de forma accesoria o marginal, sino sustancial, porque tiene que ver con el ser en su concreción. El sexo, que constituye la condición y el signo de la insuperable separación, se convierte en una ocasión y en un medio ideales para el encuentro.

No se trata simplemente de acariciar al otro, de notar el calor de su piel, de descubrir sus formas ocultas. Puedo tocar al otro y mirarlo para convertirlo en mi presa, para capturarlo a mi gusto; puedo hurgar su cuerpo con mano ávida o seducirlo con estudiadas argucias; puedo espiarlo en su intimidad, sorprenderlo, arrebatarlo a sí mismo. Pero los gestos del amor, a pesar de su aparente semejanza, tienen otra profundidad: más allá del cuerpo, simple envoltorio carnal, la mirada y la caricia evocan a la persona que el cuerpo no expresa. En el reconocimiento mutuo, el mundo de cada uno se vuelve transparente, se deshacen todas las barreras. Entonces, el placer no consiste simplemente en satisfacer una pulsión o en encerrarse egoístamente en uno mismo, sino que es una expansión del ser. Cuando se encuentran dos personas que se aman, cada uno de los protagonistas, separados sexualmente, se sumerge en la forma corporal del *nosotros*.

¿Todavía se sueña con el príncipe azul?

La búsqueda del conocimiento psicológico y de relación es una de las características de las parejas del tercer milenio. Hasta la mitad del siglo pasado, el camino tradicional era formar una pareja y después una familia. En muchos casos se realizaba mediante una unión decidida y establecida por la familia, y a menudo dependía de intereses económicos o de estrategia política.

Normalmente, los requisitos exigidos a una mujer eran capacidad para las labores domésticas y la educación de los hijos, fidelidad y afecto, sin olvidar la posible dote económica. Las cosas funcionaban de este modo: se hablaba mucho de respeto y poco de estimación mutua y de capacidad de relación. En cambio, hoy en día cada vez es más necesario dar repuesta a los interrogantes que genera el hecho de vivir en pareja.

Desde el Romanticismo, la pareja se elige libremente a partir de un estado de enamoramiento. Cuando dos personas se quieren intentan construir su amor, que se basa en el enamoramiento y no en una elección de conformidad tradicional o económica, como ocurría antiguamente. Cuando se logra estar juntos, no sólo se instaura una relación de respeto y responsabilidad, sino que además se busca la felicidad. Se tiene más consciencia de lo que se desea, que se busca en el otro sin perder la propia identidad, con el propósito de construir un *nosotros* que no sea sólo un compromiso o un arreglo, sino un motivo de alegría.

A partir de los años sesenta, la mujer empezó a tener consciencia de la importancia de su propia condición, al principio de forma un poco exagerada, con la lucha por la emancipación, y, más tarde, aprendiendo a aceptar compromisos, sin que ello supusiese perder la propia individualidad, con el convencimiento de saber elegir en nombre de la realización de un proyecto común con la pareja.

La mujer desea hoy más que ayer materializar la fábula del encuentro con el príncipe azul que la haga feliz; por este motivo quiere sentirse colmada en todos los aspectos: en la comunicación, en el entendimiento intelectual, en el intercambio de sentimientos y en la compenetración sexual. Y esto es precisamente la garantía de la estima personal y del entendimiento de la pareja.

A pesar de la evolución hacia una situación de libertad afectiva, hoy en día muchas parejas están en crisis. El mayor grado de autonomía femenino hace posible que una mujer que vive una relación que no le satisface decida romperla, hecho que tiempo atrás sucedía en muy raras ocasiones.

El declive del macho

¿La situación actual de la mujer ha conllevado ventajas o inconvenientes al hombre? Y, por otro lado, ¿es correcto plantear la pregunta de esta forma? Si partimos de la premisa de que el hombre y la mujer son dos polos, opuestos pero complementarios, es evidente que el cambio de uno comporta necesariamente la readaptación o el desequilibrio del otro.

Desde cierto punto de vista, el hombre de antaño tenía más certezas sobre su validez, su consideración, su papel, su comportamiento. Es probable que parte de la rigidez del hombre dependiera de estereotipos que se daban por descontados, que le privaban de la posibilidad de adentrarse y vivir sus sentimientos.

Hoy se dice a menudo que el hombre está en crisis. Lo que se quiere decir con ello está muy claro; basta sólo pensar de qué manera la integración de la mujer en el mundo laboral ha repercutido en las posiciones sociales y en las funciones familiares. La crisis se debe, precisamente, a la revolución de las formas de comunicación del hombre con la mujer y consigo mismo. Esa es la cuestión: el hombre, tan seguro de su propia posición, de su forma de comportarse, no tenía ningún motivo para comunicarse consigo mismo y para conocerse internamente; no tenía por qué liberar y vivir los sentimientos, y llevaba siempre puesta una coraza que exhibía orgullosamente y que no se quitaba ni tan siquiera para dormir.

Esto nos convenció de que el hombre era valiente y fuerte, un verdadero «macho», pero, en realidad, el hombre dio la prueba de auténtico valor cuando empezó a hurgar debajo de la coraza. A partir de ahí, tuvo la necesidad de replantearse muchas cosas. En la práctica, el inicio del camino hasta la consciencia de sí mismo tomó el nombre de *crisis*. Inevitablemente, cualquier cambio comporta un desequilibrio que origina la crisis del equilibrio anterior. Pero dicha crisis no debe ser motivo de alarma, sino todo lo contrario, debe ser considerada como una fase que precede a un cambio dentro de una evolución que, como tal, es un proceso positivo.

En el inicio del tercer milenio ha incrementado significativamente la proporción de demandas de ayuda psicológica por parte de hombres, cuando en los años ochenta eran un recurso casi exclusivo de las mujeres. Se trata de hombres que desean conocerse mejor y quieren entender lo que les ocurre, para encontrar el perfil de persona masculina capaz de vivir los sentimientos; no quieren limitarse a ser aquel príncipe azul que, montado en su caballo, brillaba y era admirado, pero nunca nos explicaba cómo vivía cuando tocaba de pies en el suelo.

La conciencia de las exigencias femeninas y masculinas

Desde el punto de vista educativo, hay que destacar otra diferencia fundamental entre los dos sexos que comporta exigencias divergentes en la edad adulta: la formación de la identidad personal y la forma de referirse al modelo familiar.

Se conoce sobradamente la importancia de la aportación materna durante la primera infancia. Para ambos sexos, la madre es un punto de referencia para todas las necesidades, que se derivan en mayor o menor medida de pulsiones. La madre satisface el hambre, proporciona los cuidados necesarios y casi siempre está disponible en el plano afectivo. Para una mujer, la madre es el punto cardinal del desarrollo de su propia identidad. Estando cerca de la madre (y después de sustitutas como la abuela, la maestra o la canguro, pero en cualquier caso siempre figuras femeninas), la niña adquiere la identidad de mujer a lo largo de las distintas etapas de su desarrollo, sin tener que truncar nunca el vínculo afectivo materno. En cambio, el caso del hombre es totalmente diferente. Durante la primera infancia recibe los cuidados de la madre y en la mayor parte de las situaciones de figuras femeninas, pero para iniciar el proceso de identificación masculino, tiene que recurrir a la figura paterna, para lo cual necesita separarse de la madre, a la que había estado tan unido. Esta es la diferencia sustancial entre ambos sexos: para adquirir autonomía los chicos viven un proceso de separación, mientras que las chicas lo hacen manteniendo el vínculo afectivo con la madre.

Está claro que esto incide notablemente en la forma de relacionarse posteriormente con la pareja. Es probable que este sea el motivo por el cual los hombres tienen dificultades para establecer vínculos y parecen poco dispuestos a renunciar a su libertad. Es lógico, porque reconocen su identidad a través de su libertad. Con ello no pretendemos decir que no sea lícito exigirles fidelidad, afecto y predisposición para formar una pareja estable, ni tampoco decimos que no sean capaces de hacerlo. Simplemente efectuamos una serie de consideraciones sobre las consecuencias del legado cultural común, con la convicción de que el conocimiento es el único camino para lograr el éxito de la pareja.

Reflexiones como esta pueden evitar la incomprensión entre los integrantes de la pareja, que de este modo pueden apoyarse el uno en el otro sin la sospecha de que algunas actuaciones se hayan producido por descuido o por cualquier otro sentimiento difícil de identificar. La disponibilidad hacia la otra persona y el conocimiento de los factores generales que influyen en el comportamiento ayudan a evitar enfados inútiles y poco provechosos.

Estas consideraciones deben acompañarse de otras referidas a la evolución en el ámbito social vivida en los últimos años. Desde el inicio del movimiento feminista hasta nuestros días, se ha pasado por muchas fases. Primero, hubo una exaltación radical de la independencia de la mujer —a través de la promoción profesional, de las separaciones y los divorcios— y, más tarde, se produjo un reequilibrio inducido en parte por el revés de la moneda, en donde se topa la soledad y las dificultades económicas y de organización que comporta el hecho de vivir solo.

El matrimonio puede implicar una serie de obligaciones, pero al mismo tiempo promete nuevas formas de libertad y de realización del individuo. Por otro lado, los hijos, que responsabilizan y pueden parecer una carga importante, tienen virtudes mágicas y gratificantes que llenan la vida de los padres.

Ni el hombre ni la mujer han de temer conceder más espacio a su capacidad de amor y de afecto. El equilibrio entre la realización en los planos profesional y sentimental permite alcanzar un grado de emancipación social que sólo puede realizarse combinando ambos aspectos, a través de los cuales puede alcanzarse el pleno desarrollo de la personalidad y la afirmación de uno mismo.

La igualdad de los sexos

A partir de los años sesenta, con el auge del movimiento feminista, surgió la necesidad de igualar las profesiones, las obligaciones domésticas y las actividades. Desde la perspectiva objetiva del tiempo, una vez superada la exaltación del movimiento revolucionario, se puede observar que la obstinada búsqueda de la igualdad conduce a relaciones poco eficaces, limitadas e insignificantes, en las que se desvanece el crecimiento y muere el amor.

Hoy en día no es fácil encontrar la manera de conciliar el infinito potencial femenino —ya sea en el terreno profesional o bien familiar, como cónyuge o madre— con la posibilidad de realización en la realidad de cada día. Ocurre a menudo que, a pesar de la lucha llevada a cabo en pos de la emancipación, las mujeres deben efectuar opciones que inevitablemente comportan renuncias. Si la mujer triunfa en el terreno profesional, no siempre logra realizarse en el familiar, y todavía menos en el papel de madre. Lo mismo ocurre al revés, si dedica más tiempo a la familia difícilmente puede seguir la carrera profesional. En definitiva, la vía intermedia es muy rara, y el resultado es que las mujeres se sienten frustradas porque no alcanzan la sensación de sentirse completamente realizadas.

> El amor no puede sobrevivir a una disparidad cada vez mayor en el crecimiento personal y en el desarrollo del carácter entre los dos miembros de la pareja.

Las diferencias entre los integrantes de la pareja pueden suscitar reacciones de inadaptación, de celos, de posesividad e incluso de envidia en la parte menos desarrollada de la pareja y, en la otra, la más evolucionada, puede generar resentimiento, insatisfacción y desinterés. Pese a todo, las relaciones de amor pueden crecer y florecer, aunque existan grandes diferencias en cuanto a las habilidades creativas de cada uno de los miembros. La llave que abre la puerta de la armonía es el crecimiento. La disparidad en sí misma no es importante si no aumenta y si ambas personas comparten el crecimiento.

El lenguaje del cuerpo

Gestos y símbolos del cuerpo

La gestualidad comunicativa, objeto de estudio de antropólogos como Desmond Morris, que en 1995 publicó *Gestos en el mundo*, se ha convertido en este nuevo milenio en uno de los lenguajes más importantes y representativos de las relaciones humanas. El significado de los gestos es la respuesta de la tensión corporal, expresada al instaurarse la comunicación verbal con uno o varios interlocutores, y es propiamente objeto de estudio y de interpretación del lenguaje de las tensiones neuromusculares.

Los gestos que cada uno de nosotros lleva a cabo, de forma involuntaria y totalmente automática mientras se produce cualquier tipo de diálogo o comunicación (por ejemplo, rascarse, tocarse repetidamente la mejilla, alisarse la barba, jugar con el anillo, etc.), tienen la finalidad de descargar la tensión emotiva sobrante. Se trata de tensiones neuromusculares del todo inconscientes, aunque económicas desde el punto de vista psiconeuroenergético.

Es prácticamente imposible participar o presenciar una conversación en la que no se produzca ningún gesto causado por el desencadenamiento de microtensiones neuromusculares del cuerpo, debidas a la emotividad del discurso. Por lo tanto, la observación del comportamiento durante los procesos de comunicación nos ayuda a entender la existencia de un complejo diálogo interno entre la mente y el cuerpo. La mente desencadena una serie de microtensiones neuromusculares y cutáneas, relacionadas con todo lo que percibe en el ambiente externo, como, por ejemplo, la ansiedad, el disgusto, el aburrimiento o el placer durante una conversación o, en general, durante cualquier proceso comunicativo. En el cuerpo se dibuja un mapa de pequeñas tensiones que se manifiestan por medio de tocamientos y rascaduras automáticas. Si cuando hablamos somos capaces de captar ese gesto de nuestro interlocutor o de nosotros mismos, podremos interpretarlo, teniendo en cuenta la zona del cuerpo en donde se manifiesta la tensión emotiva o nerviosa, que se ha originado por la predisposición psicológica a ser más o menos favorables a determinadas cuestiones o por la simpatía personal instintiva.

En definitiva, si bien en líneas generales el cerebro sigue la explicación de las tensiones a través de un esquema general de representaciones corporales, vive las relaciones de comunicación de modo totalmente personal. ¡Y es lo mejor que puede hacer! Pero el mundo ilógico de las emociones y de las tensiones nerviosas encuentra una lectura racional y lógica, que llega a hacerse comprensible con el modelo de lectura interpretativa del comportamiento. Es un proceso idéntico al acto creativo que hace que el artista encuentre una lógica en el caos, aflorando continuamente por medio de la conflictividad de su inspiración, mientras crea una obra racional, que plasma en una tela, en una partitura, etc. La irracionalidad de las emociones y de los sentimientos logra organizarse según una exigencia lógica y evolutiva, reivindicada por nuestra racionalidad, mediante la cual la lectura somática de los aspectos psíquicos adquiere coherencia y motivo de existir.

Nuestro propósito es exponer de forma breve de qué manera se puede «leer el cuerpo». Observando la gestualidad de los modelos relacionales entre las manos y el rostro se puede descubrir su significado psicosomático. Por ejemplo, la relación entre el prurito en la nariz y la necesidad de rascarse nos informa de la existencia de una tensión que debe ser aliviada, y que probablemente deriva de un malestar experimentado en el curso de una conversación.

Para ilustrar el caso, veamos cómo se desarrolla el encuentro entre dos individuos, uno de los cuales es político. El hecho de rascarse continuamente la nariz revela, en este caso, lo que subyace a dicho encuentro: teniendo en cuenta la situación, se puede formular la hipótesis de que el discurso del señor político disgusta profundamente a la persona que lo escucha. Esta última, la persona que se siente molesta, cree controlar el desagrado que experimenta ante dicha situación pero no se da cuenta, en ningún momento, de que el cuerpo la traiciona por completo invitándole a rascarse y lo que hace es expresar un momento de tensión equivalente al 100 %, el grado máximo de disgusto con referencia a un individuo o a un tema.

Cuando hablemos con alguien, por ejemplo con un amigo o una amiga, con el dependiente de una tienda, con un desconocido o una desconocida en el autobús, observemos su gestualidad. También podemos realizar la prueba de examinarnos a nosotros mismos mientras hablamos o escuchamos las explicaciones de otra persona. En ambas situaciones notaremos que al pronunciar ciertas palabras o exponer ciertas ideas, más con unas personas que con otras, nuestro rostro y nuestras manos experimentan modificaciones que se pueden apreciar con mucha claridad.

Para ilustrar con un claro ejemplo cómo puede producirse la lectura de la gestualidad, en relación con los hechos que nos atañen, recuerdo una anécdota ocurrida en una cena con amigos y amigas. En un momento dado, la conversación se centró exclusivamente en los camiones de transporte internacional, en los TIR. En aquel preciso momento, una de las comensales acercó su silla a la mesa, puso en orden los cubiertos y colocó el plato más cerca de ella.

Esta actitud despertó mucho mi interés y le pregunté, a la mencionada señora, si tenía algún problema relacionado con los camiones o con los camioneros. Ella asintió muy sorprendida. Su nuevo amor era un camionero, que debido a su trabajo siempre estaba de viaje y, con el que deseaba pasar una dulce velada desde hacía bastante tiempo.

La lectura del cuerpo y de sus mecanismos de reacción en el transcurso de cualquier acto de comunicación interpersonal (como puede ser una conversación entre amigos, una entrevista de trabajo, una reunión de negocios, la compra de un coche, etc.) ofrece una gama finita y delimitada de mensajes, claros, racionales, que la psicología del comportamiento ha clasificado.

Interpretación de los comportamientos y los gestos de los demás

En un acto comunicativo, si prestamos atención a la persona que tenemos enfrente podemos captar muchas más cosas de las que expresa con palabras. Por un lado, se puede llegar a saber, incluso, la veracidad de los contenidos y, por otro, obtener información acerca de su carácter.

Mediante un sencillo esquema de observación podemos lograr la máxima información:

LOS GESTOS DE LA VERDAD

- *Cambios en las posturas corporales:* balanceos, posición de las piernas, acercamiento o distanciamiento, movimiento de deglución, mirada huidiza, ponerse de pie, sentarse, estirar el cuello.

- *Sonidos del cuerpo:* carraspeos, voz grave, suspiros, respiración profunda, temblores.

- *Movimientos que acompañan el diálogo:* la expresión del rostro con los movimientos de los ojos, de las cejas, del mentón, de la nariz y de los labios; tocarse el pelo; subirse las mangas hasta los codos; juntar las manos haciendo presión con las puntas de los dedos; cruzar las piernas, los brazos, colocarlos en jarras; apoyar los dedos en el cinturón; meter las manos en los bolsillos; alisarse la ropa.

- *Movimientos con los objetos personales:* el hombre que se toca la corbata, la mujer que juguetea con el collar; girar el anillo; tocar y hacer rodar repetidamente los objetos que hay sobre la mesa.

- *Movimientos en la mesa:* alejar o acercar las migas de pan, entretenerse cogiendo y dejando un objeto, jugar con los cubiertos.

- *Movimientos de la seducción:* la mirada, las palabras y las emociones, los gestos de las manos, los movimientos de los pies y de las piernas, la vestimenta.

Los movimientos y los gestos de la seducción

Las figuras 1 a 4 ilustran los movimientos con los ojos y con los labios. A través de la mirada se expresan los más variados mensajes. Según reza un dicho antiguo, los ojos son el espejo del alma. Con los ojos se intenta conocer o darse a conocer, y en muchas ocasiones se utilizan como argumento principal para atraer al prójimo.

La seducción es un arte expresivo del instinto humano que tiende a manifestar señales emotivas y corporales de estímulo y aceptación en relación con la persona que representa el deseo afectivo y sexual. Este arte expresivo de la seducción no es exclusivamente instintivo, sino que puede aprenderse, como un modelo de comportamiento estimulante, con ejercicios de fascinación durante el enamoramiento.

Figuras 1-4. Movimientos con los ojos y con los labios

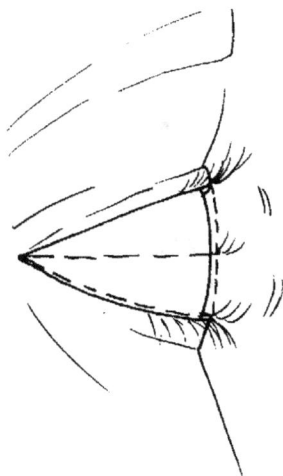

Fig. 1. En la figura se representa el movimiento de parpadeo, que se produce lentamente; los párpados se cierran, apoyándose con suavidad en la parte inferior del ojo, para humedecer y resaltar el iris en el movimiento que sigue con una abertura del ojo superior a la normal. Este gesto típicamente femenino induce al receptor a pensar que se encuentra ante un individuo sumiso, deseoso de abandonarse a un carácter fuerte y de dejarse transportar a cualquier parte sin necesidad de expresar ni de imponer su voluntad. Pero, en realidad, la persona que se sirve de este gesto tiene un objetivo muy preciso, que no es otro que hechizar y hacer que la cortejen, para acabar dominando al interlocutor.

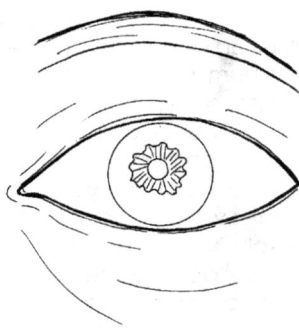

Fig. 2. Cuando se abren los ojos, tal como se ilustra en esta figura, generalmente se intenta hacer resaltar el iris para comunicar con mayor intensidad los sentimientos. Este gesto denota la existencia de un gran interés y una fuerte pasión por la persona a la que está dirigida la mirada. A veces, especialmente en los hombres, se puede observar el gesto opuesto, es decir, entrecerrar los ojos, con la intención de aumentar el magnetismo.

Fig. 3. Morderse el labio inferior revela un cierto apetito de orden sexual derivado de la situación que se está viviendo. Probablemente el tema tratado o la persona con quien se desarrolla la conversación suscitan el interés del individuo que se muerde el labio. La tensión neuromuscular que provoca esta reacción permanece en el dominio del subconsciente.

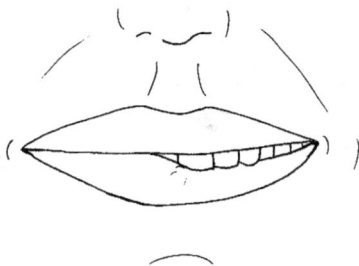

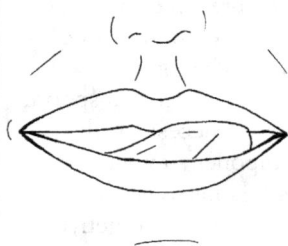

Fig. 4. En cambio, cuando se realiza el gesto de humedecerse los labios hay un mayor grado de voluntariedad. Si, además, la mirada se mantiene fija en el interlocutor, mientras la lengua se desliza lentamente por el labio superior, se manifiesta una intención clara de excitar a la persona que se encuentra enfrente, casi como saboreando parte del placer de un encuentro más intenso, como un preliminar de una relación sexual. También existe la posibilidad de que el hecho de humedecerse los labios se produzca de forma automática, en cuyo caso expresa satisfacción por la situación que se está viviendo.

Figuras 5-8. Movimientos con las manos, las piernas y los pies

Fig. 5. Cuando un individuo tiene las piernas cruzadas, en ocasiones se acaricia repetidamente la rodilla y parte de la pierna. La mujer lleva a cabo este gesto con una pizca de malicia: masajeándose esta parte muy lentamente, intenta lanzar una señal de reclamo, no sólo para atraer la mirada de los demás, sino para decir que le gustaría ser tocada por quien tiene delante.

Fig. 6. La mujer cruza las piernas, con la parte inferior en sentido oblicuo respecto a la superficie de apoyo, de modo que el pie toca el suelo sólo con la punta anterior. El hecho de estirar las piernas es una postura elegante. Si la mujer tiene la intención de seducir puede recurrir a esta postura, que se enseña incluso a las modelos.

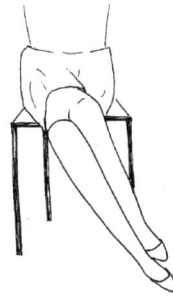

Fig. 7. Una forma de comunicar a una persona que nos atrae es rozándola con el pie por debajo de la mesa. Es como decirle que nos gustaría profundizar el encuentro, una vez haya concluido la situación que nos hace estar en la mesa, en un contexto de mayor intimidad.

Fig. 8. La mujer que desea ser poseída por un hombre, lo saluda con la mano estirada, sin cerrarla al sujetarla, mientras que con el pulgar acaricia los nudillos del hombre. El contacto se produce con los dedos y los metacarpos, y muy poco con las palmas. El hombre se comporta de forma distinta para dar a entender a una mujer que desea poseerla: mientras le estrecha la mano, le friega varias veces la palma con la yema de los dedos.

Figuras 9-12. Seducir con todo el cuerpo

Fig. 9. Hacer bucles de pelo con el dedo expresa el deseo de vivir una situación distinta de la actual e invita al interlocutor a llevarle a otro lugar para ofrecerle emociones más agradables.

Fig. 10. Chupar el bolígrafo o el lápiz tiene valor de compensación de una carencia afectiva. Es una forma de satisfacer una necesidad oral. Desde el punto de vista del psicoanálisis tiene una clara referencia sexual, puesto que el objeto succionado siempre tiene forma alargada y representa el órgano sexual masculino. Según la visión psicológica, conviene precisar que la forma oral es la primera que satisface el principio de placer, con el seno de la madre o el biberón. Satisfacer el deseo de succión, pues, adquiere un significado de fianzamiento.

Fig. 11. Una mujer se apoya en una superficie con el busto hacia delante y cruzando los brazos por debajo de los senos, poniéndolos en evidencia: es una actitud que libera agresividad y, al mismo tiempo, transmite un temperamento decidido, con la intención de comunicar al hombre que obtiene siempre lo que quiere, también en materia de amor.

Fig. 12. Ajustarse las medias levantando ligeramente la falda expresa el deseo femenino de estar arreglada, pero también de mostrar la intimidad. La mujer siente el deseo de gustar a los demás y de recibir cumplidos.

Figuras 13-16. Los gestos de la seducción en la mesa

Fig. 13. Durante la comida se puede pasar el dedo por el margen del vaso para satisfacer una sensación de placer, que a través de la yema de los dedos se libera en el cuerpo y puede transmitirse a la persona que se desea seducir. Es una forma de solicitar momentos de intimidad y caricias en las zonas erógenas del cuerpo.

Fig. 14. Cuando un individuo se presiona el labio inferior con el dedo y sigue delicadamente el perímetro de la boca, al tiempo que se muerde los labios, retiene el deseo de besar y de ser besado. Este gesto puede servir para comprobar si se ha seducido a la persona con la que se comparte la mesa.

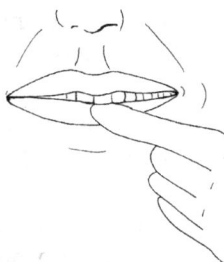

Fig. 15. Los bastones de pan o los tallos de apio pueden ayudar a transmitir, o a captar, el deseo de proceder a muestras efusivas de amor, por parte de la persona que come. La interpretación se hace más firme si estos alimentos se mastican lentamente después de haber sido mordisqueados poco a poco entre los labios.

Fig. 16. La mujer también puede servirse de un cigarrillo como instrumento de provocación o seducción. Si después de haberlo hecho girar entre los labios, el caballero, sentado en el otro lado de la mesa, responde con galantería y le ofrece el encendedor sosteniendo su mirada, el calor del fuego reafirma el proceso de seducción.

Aproximaciones en lugares públicos al límite de la molestia

Puede tratarse de un flechazo, o solamente del deseo de conquista, que estimula las aproximaciones, a veces un poco forzadas, con la intención de entrar en contacto con una persona determinada. Se puede ser objeto de una aproximación por parte de una persona a la que se ve por primera vez, mientras llevamos a cabo una actividad rutinaria, como, por ejemplo, hacer la compra. En otros casos, la aproximación se produce en el trabajo, por parte de un superior. La reacción, aparte de la lógica turbación, también puede ser de complacencia, de sentirse halagado, y esto nos puede hacer sonreír, sin por ello infringir las reglas de la moral y sin ceder necesariamente al conquistador. Sin embargo, cuando el contacto se hace demasiado insistente y llega al límite de lo aceptable se puede hablar de acoso. Normalmente, en el origen del deseo de molestar al prójimo suele haber una alteración de tipo sexual. En estos casos, el placer sexual se vive a través de gestos obscenos realizados en lugares públicos, tomándose la libertad de tocar a otra persona, por lo general desconocida, o bien ideando otras formas que puedan molestar al prójimo y atraer su atención. En las ilustraciones que hay a continuación veremos de qué iniciativas es preciso desconfiar.

Figuras 17 y 18. En transportes públicos

Fig. 17. En el trayecto del autobús o del metro, un desconocido, generalmente de sexo masculino, se acerca excesivamente a una mujer y le coloca su mano en la cintura o las nalgas, en la posición llamada «mano muerta». Sin embargo, en ocasiones la mano se mueve y acaricia las partes citadas. También puede darse el caso de que los individuos se encuentren el uno frente al otro, y entonces la mano se apoya en el pecho o en la cintura.

Fig. 18. También en los transportes públicos, el hombre se acerca a una mujer por la espalda y balanceándose la empuja con la pelvis. Es un gesto que se disimula entre los empujones propios de las horas punta, resulta difícil percibir inmediatamente la intencionalidad de la acción.

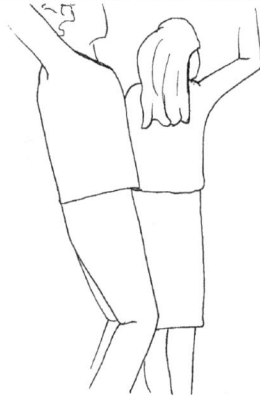

Figuras 19 y 20. En la discoteca

Fig. 19. Bailando en una discoteca, un individuo puede fingir tropezar o perder el equilibrio para acabar cayendo encima de la persona elegida. El encuentro va seguido de una serie de tocamientos, antes de tener tiempo de separarse de él.

Fig. 20. Un individuo vierte una bebida encima de otra persona, fingiendo un descuido. Luego le ayuda a limpiarse, permitiéndose la libertad de entrar en contacto físico con la infortunada o el infortunado. Es una situación que puede darse no sólo en las discotecas, sino también en bares, restaurantes, etc.

Figuras 21 y 22. En el supermercado

Fig. 21. En general, suele ser el hombre el que toma la iniciativa, aunque también es un recurso que emplean las mujeres: se choca con el carro contra el de la persona objeto de la aproximación, y se aprovecha la circunstancia para entablar conversación.

Fig. 22. El hombre pide información sobre un determinado producto, por ejemplo el precio —que está claramente indicado— pero sin escuchar la respuesta, porque en realidad su mirada está fijada en el pecho de la señora. Es más raro el caso inverso, es decir, el de la mujer que utiliza esta técnica para abordar a un hombre.

Figuras 23 y 24. En el colegio

Fig. 23. Los niños lanzan bolas de papel, tizas, gomas y todo lo que tienen a mano con el propósito de molestar y de llamar la atención. Normalmente, estas acciones se llevan a cabo durante la clase. También pueden lanzar objetos que ensucien a la persona que recibe el impacto, como el borrador, u objetos de otros, para hacer rabiar. Este tipo de comportamientos se da en alumnos de educación primaria, pero también en los ciclos superiores.

Otras acciones son tirar del pelo de las compañeras de clase, especialmente si está recogido en coletas, morder a los compañeros o mover repetidamente los asientos.

Fig. 24. Esconderse en los lavabos. Normalmente son los niños quienes se esconden en los lavabos de las niñas, para escuchar las conversaciones, espiar sus movimientos o, simplemente, asustarlas; en especial a las chicas que les interesan.

Figuras 25 y 26. En el trabajo

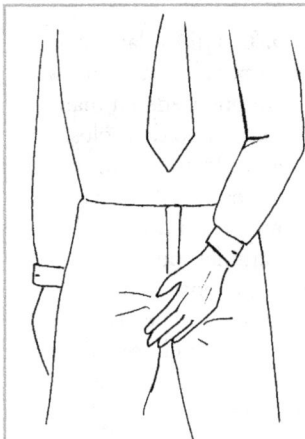

Fig. 25. Tocarse o rascarse los genitales delante de una persona de sexo femenino es una forma de exhibicionismo por parte de un superior, que pretende saborear lo que en su opinión es motivo de superioridad. Esta actitud se está difundiendo también entre las mujeres, que se tocan los senos delante de su inferior jerárquico de sexo masculino.

Fig. 26. La mujer intenta la aproximación, por ejemplo, mostrando a un colega o a un superior el dibujo de las medias, o una carrera, que lamenta haberse hecho en el trabajo. La cuestión es encontrar un pretexto para exhibir las piernas o el pecho.

Las nuevas tecnologías

Estamos en la era de los multimedia. Los tímidos tienen la posibilidad de expresarse sin tener que pasar por el trance de sonrojarse y evitando los temblores de voz. Hoy en día hay muchas posibilidades de comunicación escrita que, sin perder la ventaja de la inmediatez, ahorran la obligación de presentarse en primera persona y favorecen los contactos no sólo platónicos.

Figuras 27-29. La seducción multimedia

Fig. 27. El teléfono móvil ofrece la posibilidad de enviar un mensaje escrito a otro teléfono móvil. Esto permite pedir una cita, sin temer el ridículo en caso de respuesta negativa. Si se necesita más espacio para sorprender con efectos especiales, o se quiere completar el mensaje con dibujos o poesías, se puede mandar un fax. Los adolescentes se envían mensajes de coste cero (o falsas llamadas), cuya estrategia se basa en el número de sonidos que se dejan emitir en la llamada. Así, por ejemplo, un «sí» puede ser dos tonos, un «no» uno solo.

Fig. 28. Navegando por internet se pueden conocer nuevos amigos, sin correr riesgos desde el punto de vista físico, dando a conocer sólo los aspectos de nuestra persona que decidimos nosotros mismos. Así, se instauran amistades virtuales, nacen amores e, incluso, existe la posibilidad de un contacto sexual, a través del monitor, en una nueva forma de placer, menos material y mucho más mental.

Fig. 29. Existen algunos locales que disponen de un teléfono en cada mesa, de modo que es posible comunicarse con las personas de las otras mesas. Utilizar este sistema es como participar en un juego: todo resulta más divertido y simple, hay menos inhibiciones y aumentan las posibilidades de éxito.

El arte de besar

El beso es un símbolo erótico, pero también un signo de mil caras, como argumenta Michael Christian, estudioso estadounidense del comportamiento, con los resultados de su investigación de los secretos del beso en el libro que lleva por título *El arte del beso*, publicado en 1998. ¿Cómo se aprende a besar? No existe ninguna escuela, y es bueno que sea así. Como afirma el autor:

> No hay una forma correcta o incorrecta de besar, aunque con la práctica se aprende mucho. Un buen ejercicio es preguntar a la pareja cómo desea que le besen e invitarla a que lo haga en nuestros labios.

Con esta agradable colaboración mutua se abre el camino de la fantasía y el placer que ofrecen los besos, con un amplio espectro de satisfacción sensual.

Para besar se necesita una gran creatividad, ya que nuestro cuerpo encierra una verdadera geografía del beso: el cuello, las orejas, los senos, las nalgas, la base del cabello, la nariz, el contorno de la boca, los ojos son zonas que los labios exploran con cuidado y placer.

Los labios poseen una fuerte intensidad erótica. La vascularización abundante y la sensibilidad de las terminaciones nerviosas los convierten en un punto de comunicación natural y espontánea de la afectividad.

Alimento, calor y conocimiento son tres procesos fundamentales que acompañan al ser humano desde que nace. Los labios ayudan al niño a conocer el mundo, a partir de los objetos que se lleva a la boca. Con los labios se relaciona con el pezón de la madre o con la tetina del biberón, que representan la vía de alimentación y el descubrimiento de la sensualidad por medio del beso. Durante la adolescencia, con el desarrollo sexual, a las funciones afectiva y sensual del beso hay que añadir la función de activación del erotismo, que se define para toda la vida. A partir de este momento, el beso representa el placer afectivo y sexual.

Los tipos de beso

Desde la primavera de 1998, el estudioso M. Christian realiza cursos y conferencias en las escuelas con un único tema: la técnica del beso. Utiliza vídeos, diapositivas e, incluso, fragmentos musicales y demostraciones en vivo para enseñar el arte de besar, y recibe miles de solicitudes de personas de todas las edades que desean perfeccionar su virtuosismo labial.

El profesor ha acumulado datos de personas de todo el mundo, que ha clasificado por edad, sexo y capacidades técnicas. Los resultados obtenidos nos han permitido elaborar una relación de los tipos de beso más practicados.

• El *lip-o-suction*: juego de palabras hecho con *lip* («labio») y *suction* («succión»). El hombre succiona el labio superior de la mujer y ella hace lo mismo con el labio inferior del hombre.

• El *nip-kiss*: durante el beso, uno de los dos pellizca ligeramente con los dientes los labios de la pareja.

• El *blow-kiss*: la pareja se mira a los ojos intensamente, y luego se besan soplando ligerísimamente sobre los labios del otro.

• El *beso en la mejilla*: es una demostración de afecto usado para saludar a amigos y a conocidos; según el país cambia el número de besos: en Italia y en España se dan dos, en Francia y en Austria, tres.

• El *besamanos*: signo de respeto muy común en el pasado, que denotaba una educación refinada; persiste como saludo y actualmente es un signo de deferencia con determinadas personalidades.

• El *beso a la francesa*: es el más practicado desde que, hace millones de años, hombres y mujeres empezaron a hacer el amor en posición frontal: labios contra labios y profunda exploración de la boca con la lengua.

• El *beso seductor*: la pareja se besa en los labios y de vez en cuando pasa lentamente la lengua por el cuello o el lóbulo de la oreja.

• El *beso extraordinario*: originario de las islas Trobriand, en el Pacífico. La pareja se frota insistentemente las narices y las bocas sin besarse, sino mordiéndose suavemente al principio, y cada vez con más fuerza, hasta que el labio inferior empieza a sangrar.

• El *beso eléctrico*: después de haber apagado las luces, uno de los miembros de la pareja se frota los pies en una alfombrilla para cargarse de electricidad estática; a continuación, se acerca al otro sin tocarlo en ninguna parte del cuerpo para no neutralizar el campo bioeléctrico. A pocos centímetros de la boca saltará una chispa. El resultado es una especie de superposición de efectos energéticos: por un lado, el campo emocional de excitación de los dos individuos que desean besarse y, por el otro, la energía electroestática que uno de los dos descarga en los labios de la pareja.

• El *beso del pie*: indica sumisión y humildad. No es típico de nuestra cultura, sino de las orientales, y representa una forma de sumisión, aunque también es un signo de profundo erotismo.

Desde siempre el beso ha comunicado disponibilidad —también en el terreno sexual— y ha sido considerado el acto preliminar de la relación completa. El estudio del comportamiento llevado a cabo por el doctor Christian indica que a nueve mujeres de cada diez les gusta que las besen en el cuello; al 67 % de los hombres no les importa que su pareja lleve los labios pintados, y el 100 % de la muestra prefiere el beso a la francesa. Añadiremos otro dato: más del 60 % de los hombres cede la iniciativa del beso a la mujer; en efecto, ella es la primera en besar y lo hace cerrando los ojos, mientras que el hombre los tiene casi siempre abiertos, porque para él la vista es fundamental en materia de erotismo.

LOS SECRETOS PARA BESAR CON HABILIDAD

• Dientes limpios y aliento fresco. Para besar es fundamental tener los dientes perfectamente limpios y el aliento fresco. El beso se inicia con suma cautela, ofreciendo los labios gradualmente para dar tiempo a la pareja a responder, sin asaltarla, y sin demostrar

(continuación)

> inseguridad. La aproximación es suave y natural. Una de las mejores técnicas es, sin duda, la del beso seductor.
>
> • Respirar por la nariz. El beso a la francesa ha de ser degustado y, para que sea duradero, hay que acostumbrarse a respirar por la nariz. En ningún caso hay que forzar intentando hacer llevar la lengua hasta la garganta. Es conveniente controlar la salivación y, cuando se quiere finalizar, no hay que separarse repentinamente o, peor aún, fingir una crisis de ahogo o secarse la boca con el dorso de la mano, sino cerrar lentamente los labios, como para hacer una pausa.
>
> • Pausa de reflexión. Antes de alejarse totalmente, hay que ver si la pareja tiene intención de reanudar el beso o no. Cuando se está cansado, puede uno separarse amablemente o con brusquedad. La segunda manera parece más desconcertante, pero puede convertirse en un emocionante tira y afloja.

Los gestos y los movimientos para descubrir la verdad en pareja

Desde muy pequeños se nos enseña a descubrir cuándo una persona es sincera y a valorar las repercusiones que entrañan las mentiras. A Pinocho se le recuerda con una nariz larga y puntiaguda, característica delatora de su comportamiento; una vez convertido en niño cuenta mentiras, porque no ha sido obediente, no ha ido al colegio, sino que se ha dejado tentar por el país de los Balocchi, un lugar en donde se vive un engaño, puesto que el tiempo de diversión es breve y, una vez finalizado, todos se convierten en asnos.

En la realidad, la nariz nos revela si una persona es sincera o si nos esconde algo o nos miente. El cuento de Pinocho tiene una connotación simbólica: no debemos esperar ver crecer la nariz de un mentiroso, como le sucedía al muñeco de madera, pero a partir de la nariz podemos saber si estamos escuchando una mentira e, incluso, valorar la gravedad de dicho engaño y las intenciones del mentiroso.

Figuras 30-32. La nariz

Fig. 30. Cogerse la nariz con el pulgar y el índice es un gesto provocado por el prurito que se nota en su interior. Puede ser consecuencia de una afirmación pronunciada por la persona que se toca la nariz o por el interlocutor, pero siempre es la proyección de algo que causa una molestia máxima, cuantificable en un 100 %.

Fig. 31. Rascarse la nariz con un dedo o con varios dedos al mismo tiempo, siguiendo la línea vertical, y en algunos casos extendiéndose a áreas del rostro contiguas, es una reacción frente un tema que aburre a la persona. Revela un grado máximo de malestar, cuantificable en un 100 %.

Fig. 32. Frotarse la base de la nariz con el índice, o con la mano abierta, repitiendo la operación varias veces, sin lograr interrumpirla, y en algunos casos rascándose también la punta revela un notable malestar por la situación creada o por el tema tratado. En este caso también la tensión que se genera es indicativa de una molestia equivalente al 100 %.

Segunda parte

COMPORTAMIENTOS Y AMOR

La vida en pareja

El *flooding emotivity*: los efectos psicosomáticos de la relación de pareja

Como siempre se ha dicho, la falta de entendimiento sexual es un factor importante. Asimismo, el engaño también puede ser un golpe duro para la pareja. Y sin embargo, son muchas más las parejas que superan estos problemas que las que se deshacen. La mayor parte de separaciones y de divorcios se produce por otras razones. Hoy en día los psicólogos están convencidos de haber encontrado esos otros motivos. Basándose en estudios estadísticos y en datos concretos, más que en interpretaciones y teorías abstractas, creen haber descubierto los mecanismos que conducen a una pareja hacia una espiral de hostilidades recíprocas, en donde ya no existe posibilidad de comunicación y se descarta la reconciliación. Simplemente estudiando la forma de discutir del marido y la mujer, se puede prever con un porcentaje de acierto del 94 % cuál será el destino de ese matrimonio.

John M. Gottman, del departamento de psicología de la Universidad de Washington, uno de los pioneros de las nuevas técnicas de investigación, ha estudiado a más de dos mil parejas de voluntarios. Durante las discusiones observaba los valores de una serie de parámetros fisiológicos, como el ritmo cardiaco, la sudoración, los valores hormonales, la presión y el ritmo respiratorio. A través de esta técnica, Gottman descubrió que los mensajes más hostiles entre un hombre y una mujer que viven juntos desde hace mucho tiempo suelen esconderse en gestos, formas de actuar y miradas totalmente inapreciables por parte de un observador externo. Una frase banal como «¿Has regado las plantas hoy?», pronunciada en un tono de voz normal, puede esconder viejas tensiones, alterar el electrocardiógrafo de ambos, aumentar el nivel de sudoración y provocar una inundación de adrenalina.

Según estos estudios, analizando el modo de afrontar los conflictos se puede determinar si una pareja tiene futuro. Los resultados obtenidos reservan no pocas sorpresas. A diferencia de lo que siempre se ha dicho, no es verdad, por ejemplo, que las parejas que discuten más tengan más riesgo de separación. Y tampoco es cierto el caso contrario, es decir, que las parejas que nunca afrontan los problemas y aplazan siempre los conflictos estén condenadas al fracaso. De hecho, la solución de los conflictos no es más que una de las opciones posibles. Hay parejas que viven felices juntas desde hace 40 años y cada día repiten las mismas discusiones, siempre las mismas acusaciones por parte de ella, la misma cerrazón por parte de él.

Ciertamente, la forma de discutir tiene su importancia, pero, como sostiene Gottman, es importante que los momentos de tensión estén globalmente compensados por un mayor número de momentos de afecto, gratificación, halagos y apoyo mutuo, y que en los conflictos se evite una escalada que llegue a desencadenar el fenómeno denominado *flooding emotivity* o «alud emotivo», una reacción psicológica y biológica que inunda el organismo, como la crecida de un río, e imposibilita cualquier tipo de comunicación con la pareja.

Nacimiento y evolución del amor de la pareja

Cuando nace el amor, se forma en la pareja una situación de espontaneidad que roza la inocencia infantil y que consiste en la capacidad de maravillarse, de emocionarse ante el otro, que parece único y nuevo. Cada enamoramiento es como si fuera el primero y el único en manifestarse. Precisamente este estado de ánimo tan especial, que logra repetirse varias veces en la vida de una persona, ha requerido desde siempre el interés de la psicología.

El tránsito del enamoramiento a la construcción de la vida en pareja es un paso del estado infantil al adulto, de un estado irracional a uno racional, que conlleva muchas dificultades.

Se trata de un proceso de crecimiento en el que los sentimientos se ponen a prueba al planificar el amor en la realidad. Lo que determina el éxito de una relación de pareja es la capacidad de formar valores humanos. Paradójicamente, sólo las personas que han alcanzado madurez psicológica y de relación libre de vínculos emotivos y de malestares psicológicos son capaces de adquirir compromisos honestos y duraderos para construir una pareja basada en el amor.

Si una relación se desarrolla a partir de una elección honesta y libre, sus valores se acumularán de manera natural. Por consiguiente, la relación experimentará un crecimiento continuo que, si no se interrumpe, le otorgará una fuerza y una durabilidad que no pueden truncarse. Si el crecimiento se detiene, la relación puede concluir pacíficamente y ambos componentes de la pareja conservarán los valores ya acumulados, de modo que verán incrementadas sus capacidades para futuras relaciones. Además, la conclusión pacífica de una relación, que haya estado orientada hacia unos valores verdaderos, puede quedar abierta a una posible reconciliación.

Nadie es perfecto y, por tanto, todo el mundo puede cometer errores en la vida privada. Una persona es especialmente propensa a cometer errores en las fases iniciales de una relación. Esto suele deberse al desconocimiento mutuo y a la poca experiencia en la nueva situación. Algunos errores, si no se reconocen como tales, pueden dar al traste con una relación de amor con potencial futuro.

La necesidad de establecer compromisos en las relaciones de amor es un mito, una utopía que disminuye los valores y genera sentimiento de culpa. El amor romántico no se da nunca espontáneamente, ni por casualidad. Los valores de la vida se alcanzan mediante esfuerzos conscientes y duros. Esto significa adquirir responsabilidades acordes con la realidad. Como todos los valores importantes, el amor romántico y las satisfacciones psíquicas necesitan trabajo, esfuerzo y tiempo para desarrollarse. Los valores positivos que se crean son proporcionales al pensamiento racional y al esfuerzo llevado a cabo con honestidad.

Las bases de la relación de amor

Para entender la relación de amor analizaremos los tres aspectos que la conforman:

— bases fundamentales;
— relación entre hombre y mujer;
— potencial futuro.

Bases fundamentales

La base fundamental, punto de partida de todas las relaciones, es la visión compartida por los dos componentes de la pareja sobre la vida y sus premisas filosóficas básicas. Sin esta base de armonía filosófica no puede haber un terreno sólido en el que se pueda desarrollar una relación de amor romántico orientada hacia valores verdaderos.

Formar una base que representa los cimientos de una relación no es un proceso creativo, sino un descubrimiento de valores recíprocos y de ideas que ambos componentes ya poseían previamente.

Este aspecto del amor romántico es el que se reconoce más fácilmente en una relación. Pero el descubrimiento de la profundidad infinita, de la verdadera esencia de cada persona, es un proceso que dura toda la vida. Generalmente, muchos de los principios filosóficos fundamentales de los componentes de la pareja se pueden identificar al inicio de la relación. Por desgracia, resulta bastante fácil para cualquiera falsificar la base fundamental. Sin embargo, falsear la propia personalidad para atraer a otra persona es un error clamoroso, que se paga perdiendo el amor, el tiempo, la dignidad, la autoestima, la felicidad, y que desemboca en una visión oscura del futuro, especialmente para la persona que comete el engaño.

Relación entre hombre y mujer

Para instaurar una relación positiva y duradera, ambos componentes de la pareja han de conocer las ideas que tiene el otro sobre las relaciones hombre-mujer. Para trabajar con eficacia en la creación de una pareja ambas personas han de identificar las bases y la esencia de su relación.

Potencial futuro

Una relación de amor romántico prospera solamente si tiene motivaciones válidas, identificables con la capacidad de anticipación de la visión futura de valores, beneficios y felicidad. El potencial de una relación amorosa es una fusión de:

— esencia de la relación;
— grado y dirección de la evolución o del desarrollo de los dos miembros de la pareja;
— cantidad de pensamiento racional y de esfuerzo que cada miembro de la pareja aporta a la relación.

La convivencia diaria

Los individuos que constituyen la pareja son dos compañeros de equipo inseparables que se apoyan mutuamente en la difícil empresa que es la vida.

Cuando dos personas enamoradas deciden convivir bajo un mismo techo, en teoría están dispuestas a cambiar y a explorar nuevas formas de vida. Sin embargo, pueden surgir detalles críticos. Compartir el día a día da lugar a una serie de normas que deben ser elaboradas pacientemente mediante tentativas y errores, hasta llegar a la adaptación y a la adquisición de nuevas costumbres. ¡Y precisamente en las costumbres surgen las dificultades!

Todas las personas se acostumbran a determinadas acciones rutinarias e inconscientemente no admiten otras posibilidades; por ejemplo, la toalla de la ducha tiene que estar en la repisa doblada de tal o cual manera. Así, los hábitos personales se convierten en normas férreas de cuyo cumplimiento nadie puede escapar. El problema no es tanto la aceptación de estas normas o costumbres por parte de la otra persona, sino el hecho de que la mayoría de las veces quien las impone no es consciente de ello porque simplemente las adquirió en su familia. Por tanto, es necesario procurar ser transparentes y sinceros con nosotros mismos, para observar desde una perspectiva objetiva las costumbres que trasladaremos al nuevo hogar, en el que se vivirá en pareja. Si se llega a tener consciencia de las verdaderas necesidades personales, existirán más posibilidades de saber exponerlas y de lograr que sean respetadas en un plano de igualdad con la otra persona, de modo que no se parta desde una posición de desventaja.

Una pareja puede vivir conjuntamente por costumbre, pero sólo sigue enamorada si es capaz de satisfacer internamente el impulso creativo del cambio.

Existe una exigencia de novedad que debe ser satisfecha para poder ser activo y participativo, y por tanto hay que renovarse permanentemente. La vida es renovación, evolución mediante el cambio. Por esta razón la pareja sigue enamorada cuando es activa, es decir, cuando por ella fluye la energía del cambio y se revitaliza.

En la pareja se configuran dos polaridades opuestas: una gira en torno a la seguridad y la fidelidad a unos esquemas de comportamiento comunes, y la otra es la novedad. Dichas polaridades han de coexistir siempre, porque garantizan la libertad, la humanidad (en contraposición al automatismo) y la vitalidad.

La pareja: una nueva condición de vida

El enamoramiento es un estado en el que dos individuos se transportan el uno hacia el otro con el deseo de fundirse en una única entidad, la pareja, que se convierte en la base en la que se sostiene su amor. No hay que olvidar el hecho de que cada uno sigue siendo un individuo, que no debe negar su historia personal, sus vínculos familiares, sus metas profesionales y sus aficiones, a pesar de que el entusiasmo del enamoramiento induce a menudo a tener sólo ojos para el ser amado.

En todos los amores conviven dos fuerzas: una que tiende a la fusión y otra a la individualización. Así, se dibuja un camino de tendencias y aversiones hacia el ser amado, de impulsos y retrocesos, de actos de generosidad y actos de puro egoísmo. No se trata de una fase de confusión, sino de un periodo necesario de preparación del terreno, para asentar una base sólida que permita construir una visión común de la vida que se proyecta.

Uno de los puntos que generan mayor controversia entre psicólogos y antropólogos es la aceptación de que el proyecto compartido sea sufragado con la promesa de amor eterno a través de la institución del matrimonio, o ¿es suficiente con que dos personas estén enamoradas?

Según nuestro parecer, es importante no perder de vista el concepto de movimiento, entendido como un proceso creativo, y no estático, del proyecto de vida en pareja.

La pareja es la comunidad más pequeña, pero no por ello no puede ser revisable o debe trastornar y absorber plenamente a los individuos que la forman. La pareja desempeña un trabajo de reestructuración de todo lo que ha pertenecido a cada individuo, pero para aprovechar al máximo las oportunidades con el fin de que el resultado sea exitoso hace falta saber aplicar una visión antropológica, capaz de considerar el pasado desde la perspectiva del presente, y con capacidad para proyectarse al futuro. En consecuencia, no debe haber ninguna negación de lo que se ha sido, sino que hay que sacar partido de lo que cada integrante aporta a la pareja.

Frecuentemente surgen los celos, que pueden obstaculizar el camino al que nos estamos refiriendo: la pasión y la inversión en términos afectivos son tan intensas que inducen al enamorado a negar todo lo que ha ocurrido en la vida de la persona amada antes de que él entrara en escena. Esta reacción puede limitar la libertad y la riqueza de la pareja. Para construir los nuevos parámetros de referencia de la pareja no basta con redimensionar las situaciones personales y revisar las relaciones sociales. El sentimiento, cuando es puro, para que pueda expresarse y abrirse camino necesita comenzar de cero. La fundación de la pareja significa un renacimiento, quizá no decidido racionalmente, sino revelado por intuición, que hace nacer el *nosotros* sobre la base de un *yo* y un *tú*.

En el sentimiento de amor la pareja intuye el significado de una realidad que atañe directa e inmediatamente a la esencia de los dos individuos; se revela algo que, por un lado, afecta al *yo* íntegramente y, por el otro, a la persona amada en su totalidad, el *tú*, con la voluntad racional de identificar y de valorar el sentimiento, nuestros *yo* y *tú* para crear la pareja.

El desarrollo personal y social a través de la vida en pareja

Podemos definir dos tipos de relación:

• Parejas en las que se trabaja conjuntamente, se comparten experiencias y metas. Uno de los integrantes trabaja a través del otro, más creativo y activo, para elevarse a niveles cada vez más altos de realización. Ambos obtienen recompensas de forma proporcional a la contribución hecha de valores. Cuanto más productivo, creativo y eficaz es uno de los integrantes, mayores son los beneficios y las oportunidades de crecimiento para el otro que, a su vez, se hace más valioso para el primero. Así pues, ambos reciben grandes beneficios del trabajo conjunto. Este tipo de relación es especialmente ventajoso en el caso de que haya diferencias de productividad, de creatividad o de energía entre las dos personas. Una diferencia en términos de productividad no implica otra en el carácter personal. En una relación de este tipo, compartida o conjunta, ni tan siquiera las posibles diferencias en términos de productividad y de creatividad la ponen en peligro, siempre que los valores que están en continuo crecimiento sean intercambiados por los dos integrantes de la pareja. Una relación de trabajo conjunto no sólo produce ventajas notables para los miembros de la pareja de forma individual, que comparten cada vez más aspectos de la vida, sino que desarrollarán su vida conjunta con más intensidad. Son personas que viven totalmente unidas antes, durante y después del trabajo de cada día.

• Otra posibilidad de vivir la relación es trabajar por separado hacia experiencias y metas de mayor envergadura. En este caso los miembros de la pareja pueden seguir caminos diferentes e independientes, y tener carreras y objetivos distintos. Ambos pueden recibir beneficios de este tipo de relación, a través de la participación cruzada de vivencias, emociones y recompensas, derivadas de las respectivas experiencias y realizaciones. La relación de trabajo separado no debe ser una amenaza o una competencia para ninguno de los dos integrantes de la pareja, sino, por el contrario, una fuente continua de satisfacciones y de enriquecimiento personal, en unas condiciones que individualmente ninguno de los dos podría alcanzar.

Ambas formas de relación ofrecen infinitas oportunidades para el desarrollo personal y para alcanzar la felicidad. En los dos modelos de relaciones productoras de valores, los miembros de la pareja saben, implícita o explícitamente, que la intimidad, los placeres y la felicidad de una relación provienen de la participación mutua y del crecimiento personal, y no de la apropiación de uno por parte del otro.

Los secretos de una pareja que funciona

¿Cuántas y qué pretensiones están permitidas en el seno de una pareja? ¿Se puede ser feliz, o el compromiso de vivir juntos adquiere un peso tan importante que se está condenado a comprimirse mutuamente, es decir, a oprimirse?

El objetivo primero de cada uno de los individuos que compone una pareja es realizarse personalmente y llevar una vida tranquila. Con ello queremos decir que una relación puede exigir sacrificios y compromisos, pero en ningún caso debe oprimir. Si fuera así, la pareja podría permanecer unida, pero no podría decirse que funciona.

La percepción de uno mismo dentro de la pareja difiere según los sexos. Ser consciente de los temores propios y de los del compañero puede significar un buen punto de partida para una relación sincera y que no genere agobio.

LOS TEMORES MÁS FRECUENTES EN LOS HOMBRES

1. Perder la libertad.
2. Sentirse atado y sin libertad de actuación o de pensamiento.
3. Estar obligado a respetar unos horarios.
4. No poder hacer apreciaciones sobre otras mujeres ni divertirse con los amigos.
5. Perder la vida privada.
6. Modificar la relación con su propia familia, especialmente con su madre.

(continuación)

7. Cambiar la relación con sus amigos.
8. Asumir responsabilidades económicas.
9. Asumir responsabilidades prácticas y participar activamente en las tareas domésticas.
10. Dejar de tener secretos.
11. Renunciar a la vanidad.
12. No tener la libertad de tomar riesgos personales.
13. Caer en la monotonía, renunciando al deseo de novedades.
14. Sentirse poco preparado.
15. Perder la autonomía.
16. Estar controlado.
17. Sufrir la prepotencia femenina.
18. No lograr contener la agresividad de la compañera.
19. Sentirse constantemente juzgado.
20. Sentirse inhibido para expresarse sexualmente.
21. Aburrirse con la fidelidad.

LOS TEMORES MÁS FRECUENTES EN LAS MUJERES

1. Tener la duda de no haber elegido al hombre adecuado.
2. Ser engañada.
3. Encerrarse en una situación limitadora.
4. Perder la capacidad de seducción.
5. Tener que cambiar o renunciar a la carrera profesional por miedo a estar absorbida por los compromisos familiares.
6. Perder la autonomía personal.
7. No ser capaz de situarse en un plano de igualdad.
8. No definir las funciones y las tareas, y sentirse explotada.
9. Perder la libertad de estar sola.
10. Creer en un hombre inadecuado.
11. No poder confiar en la pareja.
12. No lograr hacerse entender.
13. Tener pocas experiencias comunes.
14. No ser valorada.
15. Ser comparada con la suegra, y no superar la comparación.

(continuación)

16. Sentirse inhibida para expresarse sexualmente.
17. Sentirse ridiculizada al exteriorizar su ternura.
18. No ser correspondida afectivamente.
19. No ser capaz de comunicarse con claridad.
20. No ser capaz de discutir los temas considerados importantes.
21. No entender las actuaciones de su compañero.
22. No poder confiar en su compañero.
23. No ser respetada.
24. Ser víctima de un exceso de autoritarismo de la pareja.
25. No sentirse indispensable y única para el otro.

Para afrontar las dificultades que puede acarrear la vida en pareja es importante respetar, desde el principio, una serie de reglas básicas, con el fin de evitar desilusiones o la búsqueda de lo imposible.

1. El cortejo es un periodo agradable en donde los comportamientos son especiales. Conviene saber que la época del cortejo es una especie de estado de gracia que, en cuanto tal, tiene una duración limitada y, aunque no sea posible vivir la vida cotidiana en este estado, porque es temporal, no necesariamente tiene que desvanecerse por completo. Es evidente que cuando salta la chispa del amor, y de ella nace un amor duradero, los dos enamorados sobrepasarán la situación inicial. No creamos haber sido engañados por las muestras de cariño y las atenciones propias del galanteo. Dos personas pueden prolongar el proceso de seducción incluso cuando el amor ya está consolidado, pero está claro que no puede ser una cosa de cada día.

2. No existe el hombre o la mujer ideal que no tenga defectos. El compañero ideal es una invención romántica. Sin embargo, en el mundo hay una abundante reserva de individuos equilibrados con los cuales merece la pena compartir la vida, aunque esta elección implique aceptar sus aspectos menos brillantes.

3. El exceso de atracción puede cegar. No debemos confundir la atracción que se experimenta por una persona fascinante con el amor.

Aparte del deseo, hace falta la sustancia que dé lugar a una relación sincera. Ciertamente, no es oro todo lo que reluce.

4. *No es correcto pretender conquistar la confianza en uno mismo a través del otro.* Esta situación puede pesar excesivamente sobre el individuo al que se asigna el papel de héroe, que puede agotarse con el consiguiente peligro de decepcionar al otro, creando así un círculo vicioso de salida difícil o imposible.

5. *No sirve de nada intentar cambiar los aspectos de la pareja que no nos gustan.* La vida en pareja tiene que desarrollarse, evolucionar y afirmarse en la máxima expresión de ambos integrantes. Aferrarse a esquemas prefijados con el pretexto de inculcarlos en la pareja comporta un derroche inútil de energía.

6. *El rencor es pernicioso.* En ningún caso la relación ha de estar regida por comportamientos dictados por la rabia y la hostilidad. Incluso cuando existen motivos para no aprobar el comportamiento del otro, no sirve de nada reaccionar con resentimiento. Siempre es más provechoso intentar aclarar el conflicto.

7. *No hay que plantearse expectativas exageradas.* Pueden ahogar la espontaneidad y la vitalidad de la pareja. Se corre el peligro de llegar a un punto en el que se tiende a criticarlo todo, de modo que surge como reverso de la moneda la ausencia de iniciativa.

8. *Para la mujer, crecer significa el abandono de la figura paterna.* Generalmente, durante los primeros años de vida de una mujer, existe una afinidad natural entre hija y padre, en la que este ejerce un papel de protector y evita situaciones difíciles a aquella. Tanto es así que la mujer crece en una situación de cariño y pasividad, deslumbrada por el hombre todopoderoso, incapaz de intervenir activamente en los hechos que ocurren a su alrededor. Por su lado, el padre se siente indispensable, fuerte y protector, de modo que va tomando cuerpo cada vez con más fuerza el misterioso vínculo entre ambos. Cuando la niña se hace mujer, sigue utilizando este modelo de comportamiento para lograr una

reacción cálida de los hombres. Inicialmente, a ellos les puede gustar este comportamiento, porque les hace sentirse dueños de la situación, pero a largo plazo la relación de pareja puede convertirse en antinatural, demasiado pesada para el hombre, y frustrante para la mujer, porque para ella ningún hombre será igual que papá.

9. *Para el hombre, crecer significa la superación de la madre omnipotente.* Desde los primeros instantes de vida, los hombres (al igual que las mujeres) dependen de la madre. Esta satisface todas sus necesidades: lo alimenta, lo cuida y es sensible a sus cambios de ánimo. Así, en cualquier situación en la que el niño necesite ayuda, recurre a la madre. El papel de la figura materna es central en la vida de un niño. Los sentimientos de apego y de dependencia inicialmente son agradables, pero si no se superan conllevan el peligro de fomentar una situación de debilidad y de poca autonomía que puede comprometer la evolución de una vida de pareja feliz.

10. *La tensión romántica mantiene viva la relación.* Nunca hay que creer que la relación constituida se mantiene indefinidamente por sí sola. No deben suprimirse las muestras de cariño, las atenciones, el cuidado de uno mismo, el encanto y el romanticismo. Hace falta mantener vivo el interés del otro y por el otro, evitando dejarse absorber por la rutina.

11. *Los hombres están dispuestos a comprometerse.* No es cierto el tópico según el cual los hombres huyen de las uniones y no están dispuestos a privarse de libertad personal. Es una teoría que no tiene constatación en la práctica. Muchas veces el requerimiento explícito de una decisión seria y duradera favorece la consolidación de una relación de pareja.

12. *Las mujeres y los hombres son responsables de sus experiencias.* No sirve de nada caer en el victimismo y lamentarse por no encontrar el alma gemela. Las personas han de ser responsables de su propio destino. Por tanto, ante todo hay que tener claro lo que se espera de una relación, y lo que se está dispuesto a aceptar en un compromiso, sabiendo qué aporta a la pareja.

¿Espejismo o amor verdadero?

¿Cómo es posible saber si estamos realmente enamorados o si se trata de un espejismo? El enamoramiento nace de un fuerte impulso vital que no logra realizarse en la situación de orden de la existencia de una persona. Es como si su parte emotiva más profunda quisiera salir a la superficie, con la tremenda sensación de dar prioridad absoluta a una persona, en relación con cualquier otra o cualquier cosa o situación. Conscientemente procuramos conservar los esquemas del pasado, nuestras antiguas relaciones, los objetos, pero este nuevo potencial que se manifiesta tiende a imponerse, y todo lo que antes tenía significado, ahora corre el peligro de perderlo.

Todo esto no es un acto voluntario. Nadie puede enamorarse voluntariamente. El enamoramiento es un proceso emotivo, mental, interior, profundo y poderoso. Cuando nos enamoramos de la persona que puede completarnos, iniciamos una serie de tentativas, compuestas de exploraciones en la relación y de puros espejismos. Como afirma Francesco Alberoni en *Enamoramiento y amor*, «el estadio naciente del amor y del enamoramiento se enciende durante un instante, inicia una reestructuración del campo».

En esta fase parece que todo se produce para estar seguros de haber encontrado nuestra media naranja, pero, en cambio, a continuación, resulta que *él* no es la persona adecuada. Hay quien dice enamorarse constantemente, o estar enamorado al mismo tiempo de distintas personas. Esto indica que el verdadero enamoramiento todavía no ha nacido.

Cuando surge el amor, la relación con la persona amada es exclusiva, total. La imagen amada —como dice Alberoni— si se aparta vuelve de nuevo y se impone.

Para evitar los espejismos y la sucesión de desengaños, es importante conocer el carácter de uno mismo y el de la persona amada o, mejor aún, el de la persona candidata al enamoramiento.

Si bien los procesos psicológicos responsables del amor tienen características irracionales e inconscientes, muy difíciles de racionalizar, la psicología nos puede ayudar a realizarnos desde el punto de vista de los sentimientos.

El primer paso consiste en conocerse a uno mismo para, a partir de ahí, estar en condiciones de conocer a los demás. En este sentido hemos creído oportuno proporcionar al lector un instrumento útil: unos cuestionarios o test psicológicos, cuyo objetivo es desvelar los aspectos más profundos y determinantes del conocimiento y la clasificación del carácter de cada individuo (véase el capítulo: «Test para definir el carácter»).

La capacidad de relacionarse y el arte de amar

El enamoramiento, un proceso de maduración

El enamoramiento es la experiencia íntima y subjetiva de la creación de un nuevo mundo. Es el artífice del nacimiento de la comunidad más pequeña que puede existir: la formada por dos personas. Contextualmente es el renacimiento del individuo, porque todas las personas tendemos a la colectividad. Consiste en el deseo de una intimidad espiritual y física, en el proyecto de vida entre dos: en este sentido es maduración porque va más allá del primer enamoramiento que cada individuo ha experimentado por la necesidad de los cuidados maternos. El enamoramiento transforma el *yo* en un *nosotros*.

Si en las primeras experiencias de enamoramiento, cuando se es adolescente, la persona enamorada no es correspondida por el ser amado, el fracaso y el dolor por no poder vivir el tan deseado *nosotros* puede comportar una serie de consecuencias. Una de ellas sería separar el amor de la sexualidad. Tomando como ejemplo modelos de comportamiento próximos, el individuo puede buscar experiencias sexuales, aunque sin encontrar en ellas el placer que podría constituir la experiencia del *nosotros* con la persona amada. Las experiencias sexuales dejan de ser un medio para convertirse en un fin, porque la persona las vive en una situación de espera del encuentro con el ser amado. De este modo, la sexualidad se separa del amor, sin producirse la maduración del enamoramiento, es decir, el paso a vivir en pareja o, dicho de otro modo, a una comunidad erótico-amorosa adulta.

Cuando el enamoramiento sigue un proceso de maduración se convierte en amor. En caso contrario, se detiene en la fase inicial y no pasa de una ilusión breve, un embriagamiento al final del cual el individuo se siente atraído por otra persona. El amor nace de dentro de la persona y mira hacia el futuro. El amor florece cuando encontramos a una persona que tiene las cualidades que para nosotros son importantes, que satisface deseos, sueños, ambiciones profundas que se han ido formando a lo largo de la vida, desde la infancia, necesidades reales y necesidades simbólicas, conscientes e inconscientes.

El amor, respecto al estado inicial de enamoramiento, es consolidación, es decir, el resultado de una elección, de un acto deseado: es un pacto.

Para que el amor sea correspondido y, por tanto, recíproco, hace falta que estas necesidades se correspondan. La vida amorosa de pareja requiere una gestión activa. Cada uno de los miembros ha de saber lo que le gusta al otro, tener en cuenta sus necesidades, sus expectativas, sus temores. De esta manera, la satisfacción recíproca puede llegar al máximo nivel.

La pareja es la comunidad más pequeña

Francesco Alberoni sostiene que dos individuos, en un principio diferentes, creen tener afinidades, metas y sueños comunes, piensan que pueden compartir el mismo destino. Por esta razón tienden a unirse, a fundirse para formar una pequeña colectividad compacta, un *nosotros* sólido.

La pareja empieza con el estadio inicial del enamoramiento; en una primera fase se sitúa el erotismo, en el cual los individuos experimentan la felicidad erótica, el juego amoroso, la fusión de los cuerpos y de las almas. Así, se crea un vínculo íntimo, intenso.

La persona enamorada rompe el círculo mágico que lo mantenía ligado a su comunidad y modifica las relaciones que había tenido hasta ese momento. Se produce una mutación del ser, la muerte-renacimiento. El individuo enamorado se rinde ante algo que lo trasciende y que le hace sentirse realizado. Por ello, los dos cuerpos antes de unirse se vuelven sagrados. Entonces tiene lugar el milagro, la fusión con el universo. Esto es el matrimonio, la unión consagrada. Es la celebración de la pareja nupcial y de la naturaleza. El cuerpo se vuelve divino, se une con el otro y simboliza todo lo que nace y germina. De ahí surge el proyecto de recorrer el mundo conjuntamente y en cuya elaboración intervienen la cultura, la experiencia acumulada, los miedos, las angustias, los desengaños y los éxitos infantiles, los sueños, los deseos insatisfechos, etc.

Fidelidad significa exclusividad

En nuestra cultura, la fidelidad tiene un doble origen. En primer lugar, deriva del concepto de posesión exclusiva propia del patriarcado (la mujer «pertenece» al hombre). La otra vertiente es la fidelidad exclusiva a la tribu, a la patria, al superior, que exigen los movimientos políticos y religiosos y, por extensión, los enamorados.

Por medio de la fidelidad se hace saber al amado que vale más que cualquier otra cosa, que es el único bien, el único deseo.

La fidelidad indica una consagración de energías, una entrega a favor del ser amado, es un don.

Existen dos tendencias en las motivaciones de los infieles:

— la primera se caracteriza por la búsqueda de la novedad, por la promiscuidad sexual;
— la segunda por el enamoramiento, que instaura una relación exclusiva y duradera.

De hecho, la poligamia y la monogamia son simplemente actos culturales. Recientemente, ha surgido una corriente contraria a la pareja y a la fidelidad conyugal. En los años setenta, con la revolución sexual y el feminismo, esta ideología se extendió como una mancha de aceite.

El pacto de fidelidad se crea cuando se vive un proceso de fusión. Las emociones y las promesas son los fundamentos sobre los que se levanta la institución del amor de pareja.

En ciertas esferas sociales está de moda que los cónyuges no se cuenten nada. Se finge no saber nada del otro, con la condición de desempeñar las funciones familiares y de mantener las formas.

El motivo de la crisis precoz de la pareja, que se puede demostrar estadísticamente, es la falta de atención al construir una relación fuerte por una de las siguientes causas:

— falta de enamoramiento real;
— fantasías románticas y poco reales;
— elección de la comodidad, para cambiar una situación familiar;
— concesión ante las imposiciones de uno de los miembros.

Los motivos de la crisis tardía, como es el caso de separación de parejas consideradas sólidas, pueden ser:

— la monotonía de la vida cotidiana;
— la falta de evolución conjunta;
— la incapacidad de elaborar unidos los dramas de la existencia.

La fuerza del amor y la fragilidad de la infidelidad

Existen relaciones sexuales propiamente dichas que excluyen los sentimientos. Se puede observar que, durante milenios, este tipo de relaciones fuera del matrimonio no han sido consideradas actos de infidelidad cuando el protagonista era un hombre, pero sí lo eran cuando las protagonizaba una mujer. En la actualidad, ambos sexos se encuentran en un mismo plano. Hay una tendencia a no considerar que sea una traición cuando en la relación no se involucran los sentimientos.

Sin embargo, el acto amoroso es un intercambio de vitalidad, significa provocar y provocarse un estado de placer y al mismo tiempo de carga vital; al bajar el umbral de tensión, es rico en emotividad.

Lo prohibido, el placer de seducir o de ser seducido, el deseo incontenible de la novedad, de la transgresión, pueden representar para algunos una llama que arde con más fuerza que el fuego de la pareja estable. Según F. Alberoni (*El erotismo*) el motivo que empuja a los hombres y a las mujeres casados al adulterio es un capricho, un placer gratuito. La sexualidad, ese impulso irrefrenable, se transforma en erotismo, en una fuerza inquietante.

Sin embargo, la pareja que contrae matrimonio pronuncia en público la intención de fidelidad: los cónyuges eligen libremente acatar la monogamia.

La vida de la pareja depende de la capacidad de conservar, aunque sea solamente en parte, la intimidad provocada por el estado inicial de enamoramiento. La institución debe ser la heredera de la promesa, su guardiana.

El amor es la cara emocional interna del nacimiento de una comunidad nueva, de un *nosotros*. El amor, como emoción, como impulso y languidez, es la manifestación de la energía creativa.

La pareja que permanece enamorada posee la capacidad de conservar las propiedades extraordinarias del estadio inicial, es decir, la capacidad de regenerarse. En tal caso, el enamoramiento, que ha pasado a ser amor, conserva la emoción, el erotismo y el estremecimiento del inicio. El amor es el eco de un proceso en el que cada uno genera aquello que a su vez lo ha originado. Una pareja sólo puede seguir estando enamorada si logra satisfacer el impulso creativo del cambio. La vida es una constante transformación, la pareja ha de saber estar presente en el mundo externo, en la esfera social, y no vivir encerrada en ella misma. Si es capaz de seguir las constantes transformaciones y de participar en ellas, evitará los cambios bruscos y repentinos. Es más, por medio del diálogo constante y del intercambio puede amalgamarse y regenerarse, conservando el espíritu de libertad y de aventura, y evitando el empobrecimiento causado por la monotonía.

Erich Fromm, en el libro *El arte de amar*, sostiene que amar es una experiencia personal que todas las personas pueden experimentar a través de sí mismas, y habla del «arte de amar». Fromm precisa que amar, al igual que cualquier otro arte, requiere disciplina, concentración y paciencia, requisitos cada vez más raros en nuestro tiempo.

La capacidad de amar depende de la habilidad personal para salir del narcisismo y del apego incestuoso por la madre y el clan con el fin de crecer y desarrollar una orientación productiva en las relaciones con el mundo y con uno mismo.

Dicho proceso de evolución requiere una cualidad indispensable: la fe, resultado de nuestro espíritu de observación y de nuestro pensamiento. Tenemos fe en el potencial de los demás, en nosotros mismos y en la especie humana, porque hemos experimentado el desarrollo del propio potencial, la fuerza del poder de la razón y del amor. La base para la fe es la productividad.

> El amor no es sólo una relación con una persona, es una actitud, una orientación de carácter que determina las relaciones del individuo con el mundo.

Si una persona ama únicamente a otra y se muestra indiferente con sus congéneres, lo suyo no es amor, sino una simbiosis o una situación de egoísmo llevada al extremo. Pocos reflexionan sobre la facultad de amar. Es más, se suele caer en el error de entender el amor exclusivo hacia una persona como prueba de amor verdadero, olvidando que el amor es un poder y una actividad del alma.

Cabe distinguir varias formas de amor, en relación con el objeto amado. Tenemos, por ejemplo, el amor fraternal, que es entre iguales, el materno, que es el amor por el ser indefenso, y el erótico, que es el deseo de la fusión completa, de la unión con otra persona, aquello que nos atañe en el plano vital personal.

Comparando estas formas de amor, se pueden observar diferencias importantes: las dos primeras tienen en común el hecho de no estar limitadas a una sola persona, mientras que la tercera sí.

En el amor erótico hay una exclusividad de la que adolecen el fraternal y el materno. La exclusividad del amor erótico a menudo se interpreta como el apego posesivo, que anula a los dos seres, que resuelven el problema de la separación fundiéndose entre sí, con la ilusión de superar la soledad. Es importante no caer en este error: la exclusividad debe entenderse en la fusión erótica, pero no en el sentido profundo del amor fraterno. El amor erótico es esencialmente un acto de voluntad, se desea unir la vida propia a la de otra persona, acto que da significado a la indisolubilidad del matrimonio.

Amar a alguien es una elección, una promesa, un compromiso.

Test para definir el carácter

Definición de personalidad, temperamento y carácter

En primer lugar, hay que fijarse en el conjunto de las características psíquicas del hombre, que se reflejan directamente en el modo de perseguir los intereses, de satisfacer las necesidades, de alcanzar unos fines, en definitiva, de comportarse como actor social que ejerce su carácter definido en la personalidad global.

Así, por *comportamiento* se entiende el conjunto coherente de actitudes que un individuo asume en función de los cambios y en relación con determinadas exigencias o condiciones provenientes del ambiente social. Pero, dado que estas actitudes en gran parte no son más que la expresión de la psique, en la práctica el resultado, desde nuestra perspectiva, es la posibilidad de identificar el estudio de la psicología con el del comportamiento.

En este sentido, para algunos, la función primordial de la psicología es descubrir las leyes y las dinámicas psíquicas que regulan la conducta humana.

La actividad psíquica está constituida por tres aspectos fundamentales: la esfera cognoscitiva, la afectiva y la de la voluntad. Son propias de la primera la inteligencia y el conocimiento. Este último es el conjunto de las funciones que permiten al individuo estar informado sobre la realidad, acumular experiencias, adquirir nociones. El pensamiento es la organización de procesos mentales de carácter simbólico que se concreta en las ideas. La inteligencia es el conjunto de las capacidades adquiridas que se utilizan no sólo especulativamente, sino también para actuar en la vida de relación. La inteligencia puede ser práctica, entendida como la aptitud para afrontar y resolver situaciones concretas, o teórica, es decir, la aptitud para plantear y resolver problemas generales y abstractos. La memoria representa, desde el punto de vista de la funcionalidad psíquica, el patrimonio de las informaciones, de los esquemas teóricos y prácticos de la existencia de los individuos, incluyendo toda la historia psíquica personal y social.

La esfera afectiva hace referencia al colorido, positivo o negativo, agradable o desagradable, que los hechos y los pensamientos suscitan en nosotros; la afectividad también es responsable de los estados de ánimo que se producen espontáneamente, es decir, sin estímulos externos apreciables. Dentro del terreno afectivo, en el humor, entendido como los cambios producidos por la emotividad, se da un amplísimo abanico de estados que van desde la tristeza hasta la alegría. Los sentimientos, por su parte, son expresiones mucho más elaboradas de la vida afectiva que tienen que ver con la relación con las personas y también con el medio: sentimientos vitales, sentimientos de valor, sentimientos de valoración afirmativa o negativa de uno mismo, sentimientos que se convierten en juicios más o menos positivos sobre los demás. Las emociones pueden ser interpretadas como energías psíquicas que se organizan en sentimientos de especial intensidad —ira, llanto, furor, euforia— que se manifiestan a través de fenómenos fisiológicos: sonrojo, palpitaciones, palidez, temblor, etcétera.

La esfera de la voluntad tiene que ver con las acciones que se llevan a cabo con determinados fines. En la base del amor hay motivos conscientes, motivaciones profundas o inconscientes, pulsiones e instinto. Toda la cuestión de la libertad, la responsabilidad y el determinismo gira en torno a la voluntad.

Por otro lado, la actividad psíquica se diferencia de la orgánica por el hecho de que puede conocerse por medio de la introspección. Esto no significa que la introspección permita conocer los fenómenos psíquicos inconscientes, que son parte integrante de la persona y que pueden condicionar e influenciar la voluntad, los actos conscientes, el comportamiento y el carácter.

Para llegar a la definición de carácter hace falta aclarar qué se entiende por *personalidad*, y por *temperamento*.

En la acepción común, personalidad se identifica con habilidad o astucia social. Se valora la personalidad de un individuo en función de su capacidad y eficacia para reaccionar positivamente en el contacto con diferentes personas y en circunstancias variadas. Por consiguiente, se dice que un individuo presenta problemas o alteraciones de la personalidad cuando su funcionamiento social no es el adecuado y cuando sus capacidades sociales no son suficientes para satisfacer las relaciones interpersonales.

Una segunda acepción considera inherentes a la personalidad de un individuo las impresiones más intensas y vivas que suscita en sus congéneres. La reacción de los demás a la forma de actuar de un individuo define su personalidad, y se dice, por ejemplo, que alguien tiene una personalidad fuerte, encantadora, difícil, etc. Se trata de una definición psicosocial, porque considera a la persona en su relación con el prójimo. Desde esta perspectiva, se produce una coincidencia significativa entre el concepto de *personalidad* y el de *función*; este último deriva de la psicología social y se define como el modelo organizado de comportamiento relativo a la posición del individuo en un conjunto de relaciones sociales.

La personalidad también puede entenderse como el conjunto de las cualidades y las características de una persona, es decir, como la suma de aspectos biológicos y psíquicos susceptibles de ser observados y descritos objetivamente, en una abstracción de los reflejos interpersonales.

En otras interpretaciones, la personalidad incluye aspectos únicos, irrepetibles o más representativos de un individuo.

En definitiva, la personalidad no representa otra cosa que el conjunto de términos que se emplean para describir a un determinado individuo, elegidos en función de una serie de variables y de cuantificaciones, según el objetivo que se propone el estudioso.

Un concepto de personalidad de orientación cognitiva del comportamiento y psicosomática es, sin duda, la que propuso Allport en 1937:

> La personalidad es la organización dinámica en el interior del individuo de aquellos sistemas psicofísicos que determinan su adaptación única al medio.

Sin embargo, esta definición no satisface plenamente el enfoque de esta obra, que se dirige al individuo concreto y a sus relaciones con la realidad social, admitiendo una especie de interacción entre el medio y el individuo en la constitución del carácter. De hecho, si el individuo adapta de algún modo su personalidad al medio social, este le devuelve la imagen de sí mismo que se había formado, de modo que se le induce a modificar la percepción que tiene de sí mismo y su comportamiento. Se trata de un proceso continuo de reciprocidad y retroacción entre individuo y medio social, y no de causalidad lineal provocada por el mismo individuo que actúa modificándose a sí mismo.

Para entender mejor esta circularidad entre individuo y medio, y la importancia que tiene en la personalidad la estructura biológica, que también interviene en su formación, es conveniente introducir los conceptos de *temperamento* y *carácter*, dos términos que con frecuencia superponen sus significados, se confunden o se identifican con la personalidad.

El temperamento depende de la base genética, se centra en la estructura biológica de las disposiciones y tendencias peculiares de cada individuo a actuar en el mundo, a reaccionar en el medio y a cumplir sus funciones, haciendo especial hincapié en la esfera afectiva. Desde otra perspectiva, el temperamento se considera difícilmente o en absoluto modificable.

Las vivencias, el tipo de relaciones interpersonales y familiares, así como la voluntad de definir la propia posición social, las aventuras de la existencia de cada uno, las frustraciones, las justificaciones, las diferentes posibilidades de realizarse, en definitiva, las distintas circunstancias de la existencia, inciden en el temperamento, haciendo que el individuo adopte comportamientos y reacciones diferentes a las innatas; no producen alteraciones, sino que interactúan de forma compleja y orientan la construcción del carácter.

En otros términos, el concepto de temperamento posee connotaciones de potencialidad que se traducen en actualidad, debido a las experiencias y a las vivencias que la vida propone a cada uno. Podemos considerar, por ejemplo, que un individuo tiene un temperamento agresivo basándonos en sus predisposiciones biológicas innatas, pero dicho individuo adquirirá un carácter agresivo, es decir, se comportará agresivamente con más facilidad cuanto más significativas hayan sido las circunstancias de la vida que hayan favorecido dicha agresividad, por el tipo de educación recibida y por el clima familiar; en definitiva, el grado de agresividad de su carácter dependerá de las vivencias y de las oportunidades sociales que hayan estimulado su potencial, de la atmósfera violenta del medio cultural y social en el que haya vivido o viva, etc.

En cambio, las condiciones y las situaciones sociales pueden inhibir las predisposiciones del temperamento, que no se materializarán en el carácter. Este es, por tanto, el resultado de la interacción entre temperamento y medio; no es un componente estático de la personalidad, sino dinámico, que se modifica con el tiempo y con las circunstancias de la vida. Sin embargo, conviene matizar que esta característica de moldeabilidad, propia del carácter, es relativa, posible en algunas expresiones, pero no en el núcleo profundo. El concepto mismo de carácter encierra un componente de habitualidad y previsibilidad como un aspecto no estrictamente permanente, pero sí dotado de persistencia. Además, el carácter es menos susceptible de ser modificado a medida que pasan los años. De hecho, se habla de edad evolutiva, que concluye con la madurez, para destacar las amplias posibilidades de modificación del carácter, propia de los jóvenes.

En resumen, el concepto de personalidad incluye el temperamento y el carácter, aunque también confluyen otras esferas de la actividad psíquica, como la voluntad, el pensamiento, la inteligencia, la vida afectiva, la voluntad motivacional y la relación con el propio físico.

Cómo se utiliza el test de carácter

Veamos ahora el esquema básico de las tipologías de carácter, extraído del *Traité pratique d'analyse du caractère* (P.U.F., 1950) de Gaston Berger, alumno de René Le Senns. Según este planteamiento las tipologías de carácter de los individuos se dividen en ocho tipos:

— coléricos;
— pasionales;
— nerviosos;
— sentimentales;

— sanguíneos;
— flemáticos;
— histriónicos;
— lunáticos.

El lector encontrará, a continuación, tres cuestionarios para determinar sus niveles de emotividad, actividad y secundariedad. Se trata de una serie de preguntas que deberá responder anotando el valor numérico correspondiente a la respuesta dada, que servirá para determinar la fórmula final que definirá su carácter.

Además de la clasificación personal, también se valora el resultado de la combinación entre los diferentes caracteres. Esta información será de gran utilidad en el momento de sopesar las posibilidades de éxito de una pareja.

Los ocho caracteres derivan de la interpretación básica de dos tipologías fundamentales del carácter: el tipo Emotivo (E) y el no Emotivo (NE). A su vez poseen otras características: de Actividad (A) y de no Actividad (NA) con posteriores indicios de rasgos secundarios (S) de tipo Activo (A) y de tipo no Activo (NA) y de rasgos primarios (P); estos últimos valoran la capacidad personal para organizar la vida diaria. La interpretación cambia según la puntuación alcanzada en la recopilación de los tres cuestionarios y el resultado permite establecer la pertenencia a uno de los ocho caracteres establecidos.

CLASIFICACIÓN DE LOS TIPOS DE CARÁCTER

Tipo	Emotividad	Actividad	Secundariedad
Colérico	E	A	P
Pasional	E	A	S
Nervioso	E	NA	P
Sentimental	E	NA	S
Sanguíneo	NE	A	P
Flemático	NE	A	S
Lunático	NE	NA	P
Histriónico	NE	NA	S
E: emotivo; NE: no emotivo; A: activo; NA: no activo; P: primario; S: secundario			

Test para establecer el nivel de emotividad

Hay que atribuir siempre a las respuestas del test un valor de 9 o 1 (excepto en una ocasión en que existe una puntuación intermedia, el 5). Si la suma total está comprendida entre 70 y 90 el resultado será E (emotivo), mientras que si está comprendida entre 30 y 50 el resultado será NE (no emotivo).

1. ¿Te alteras mucho por cosas pequeñas que no tienen ninguna importancia?   p. 9
   ¿Solamente te afectan los asuntos graves?   p. 1

2. ¿Te entusiasmas o te encolerizas con facilidad?   p. 9
   ¿Aceptas tranquilamente las cosas tal como son?   p. 1

3. ¿Eres susceptible, te hiere una crítica algo dura o una observación poco amable o irónica?   p. 9
   ¿Escuchas las críticas sin alterarte?   p. 1

4. ¿Te preocupas fácilmente por algún acontecimiento imprevisto? Si de repente alguien te llama ¿te sobresaltas, enrojeces o empalideces?   p. 9
   ¿Difícilmente te emocionas?   p. 1

5. ¿Te excitas mucho cuando hablas? ¿Levantas la voz durante la conversación? ¿Tienes costumbre de usar términos violentos o palabras muy vivaces?   p. 9
   Por el contrario, ¿hablas pausadamente, sin prisas?   p. 1

6. ¿Te sientes perdido cuando te encargan un trabajo nuevo o cuando prevés algún cambio en tu vida?   p. 9
   ¿Afrontas la situaciones nuevas con tranquilidad?   p. 1

7. ¿Pasas fácilmente de la euforia al abatimiento, de la alegría a la tristeza, y viceversa, sin ninguna razón aparente?   p. 9
   ¿Estás siempre del mismo humor?   p. 1

(continuación)

8. ¿Tu cabeza está siempre llena de dudas y plagada de
   escrúpulos por asuntos sin importancia?   p. 9
   ¿Nunca te ocurre nada de todo esto?   p. 1

9. ¿Alguna vez estás tan emocionado que no eres capaz de
   concluir lo que debes hacer? Por ejemplo, ¿el miedo te
   impide moverte, o bien la timidez te produce miedo?   p. 9
   ¿Sólo te ocurre algunas veces?   p. 5
   ¿No te ocurre nunca?   p. 1

10. ¿Crees con frecuencia que eres infeliz?   p. 9
    ¿Normalmente estás satisfecho con tu vida? O, mejor
    aún, cuando las cosas no funcionan como tú desearías,
    ¿intentas buscar un remedio inmediatamente?   p. 1

Test para establecer el nivel de actividad

Hay que atribuir siempre a las respuestas del test un valor de 9 o 1 (excepto en una ocasión en que existe una puntuación intermedia, el 5). Si la suma total está comprendida entre 70 y 90 el resultado será A (activo), mientras que si está comprendida entre 30 y 50 el resultado será NA (no activo).

1. ¿Dedicas tus horas libres a alguna actividad: estudiar,
   realizar trabajos manuales, alguna acción social...?   p. 9
   ¿O bien aprovechas para descansar?   p. 5
   ¿Estás ratos largos sin hacer nada o simplemente
   distrayéndote, leyendo o mirando la televisión?   p. 1

2. ¿Tienes que realizar un gran esfuerzo para pasar de la
   idea al acto, de la decisión a la ejecución?   p. 9
   ¿Eres capaz de realizar inmediatamente y sin dificultades
   lo que has decidido?   p. 1

3. ¿Te desanimas fácilmente ante cualquier dificultad o
   ante un trabajo demasiado duro?   p. 9

(continuación)

¿O la dificultad y el esfuerzo hacen que aumentes
tu rendimiento?   p. 1

4. ¿Te gusta soñar con el pasado o con el futuro, o dejar
   correr la imaginación, soñar despierto?   p. 9
   ¿Prefieres actuar o, por lo menos, hacer proyectos
   que realmente realizarás en el futuro?   p. 1

5. ¿Cumples con tus obligaciones inmediatamente y sin
   demasiada dificultad, por ejemplo, escribir una carta,
   estudiar, arreglar un asunto, etc.?   p. 9
   ¿Tiendes a aplazar las tareas?   p. 1

6. ¿Tomas decisiones inmediatas incluso en los casos
   difíciles?   p. 9
   ¿Te comportas con indecisión y dudas durante mucho
   tiempo?   p. 1

7. ¿Eres inquieto, gesticulas mucho, te mueves en la silla,
   caminas arriba y abajo por la sala, incluso sin motivo?   p. 9
   ¿Eres una persona quieta, excepto cuando una
   emoción te altera?   p. 1

8. ¿Te gustan las innovaciones, los cambios, aunque exijan
   un gran esfuerzo?   p. 9
   ¿Te desanimas ante un contratiempo y prefieres
   contentarte con el estatus que ya tienes?   p. 1

9. Si encargas una tarea a alguien más joven que tú,
   ¿te desinteresas por seguir su ejecución olvidándote
   del asunto?   p. 9
   ¿Sigues de cerca el desarrollo, asegurándote de que
   todo se realice de la forma y en el momento adecuados?   p. 1

10. ¿Te gusta más mirar que participar, por ejemplo, en un
    trabajo, en un juego, etc.?   p. 9
    ¿Te gusta más actuar que mirar, de modo que te
    aburres de inmediato cuando tienes que contemplar
    lo que hacen los demás, ya que pasarías gustosamente
    a la acción?   p. 1

Test para valorar los factores de secundariedad

Hay que atribuir siempre a las respuestas del test un valor de 9 o 1. Si la suma total está comprendida entre 70 y 90 el resultado será P (primario), mientras que si está comprendida entre 30 y 50 el resultado será S (secundario).

1. ¿Te sientes a menudo guiado en tus acciones por la idea de un futuro lejano (por ejemplo, ahorrar para la vejez o acumular material para un trabajo largo)? ¿Te preocupan las consecuencias lejanas que tus actos podrán tener? **p. 9**
¿O bien te interesas sólo por los resultados inmediatos? **p. 1**

2. ¿Te preocupas mucho por lo que podría suceder? ¿Te preparas minuciosamente antes de tus actuaciones? ¿Tienes en cuenta todas las posibilidades y las posibles incidencias? **p. 9**
¿Simplemente, te dejas llevar por la inspiración del momento? **p. 1**

3. ¿Tienes principios estrictos que intentas respetar? **p. 9**
¿Prefieres adaptarte a las circunstancias? **p. 1**

4. ¿Eres constante en tus propósitos? ¿Tienes por costumbre terminar lo que empiezas? **p. 9**
¿Abandonas a menudo el trabajo antes de haber terminado? ¿Empiezas todo y no terminas nada? **p. 1**

5. ¿Eres constante en tus simpatías? ¿Conservas las amistades de la infancia? ¿Frecuentas siempre las mismas personas, las mismas compañías? **p. 9**
¿Cambias a menudo de amigos y dejas de ver a personas que frecuentabas sin que haya motivos graves para hacerlo? **p. 1**

6. ¿Después de un enfado, de un arranque de cólera, te reconcilias rápidamente, sin pensar más en la incidencia? **p. 9**
¿O bien estás un tiempo de mal humor, te cuesta reconciliarte y sientes rencor? **p. 1**

(continuación)

7. ¿Tienes costumbres fijas que quieres mantener a toda costa? ¿Te gusta que las cosas se repitan regularmente?	p. 9
¿Aborreces todo lo rutinario, lo que está previsto con antelación y prefieres las novedades?	p. 1
8. ¿Te gusta el orden, la simetría, la regularidad?	p. 9
¿Te fastidia el orden y deseas encontrar por todas partes un poco de variedad?	p. 1
9. ¿Estás acostumbrado a prever cómo distribuirás tu tiempo y tus fuerzas? ¿Te gusta planificar, programar?	p. 9
¿Nunca tienes reglas precisas ni planes preparados anticipadamente?	p. 1
10. ¿Cuando te has formado una opinión, te aferras a ella obstinadamente?	p. 9
¿O bien se te puede convencer fácilmente y te dejas seducir por la novedad de las ideas?	p. 1

Ejemplo

A continuación, vamos a examinar un ejemplo. En primer lugar, hacemos un recuento de los puntos obtenidos en cada test (cuyos valores trasladaremos a una tabla como la presentada más adelante). Supongamos que el resultado obtenido en el test de emotividad es de 57 puntos, en el de actividad, 30 y en el de secundariedad, 85. Traducimos estos resultados a letras: tenemos un tipo E (emotivo), NA (no activo) y P (primario).

Factor	Puntos	Tipo
Emotividad	57	E
Actividad	30	NA
Secundariedad	85	P

La fórmula resultante, E-NA-P, significa que la persona que ha realizado el test es del tipo nervioso. El siguiente paso es realizar la descripción psicológica. La combinación de los tres factores (emotividad, actividad y secundariedad), calculada mediante los cuestionarios, permite clasificar a los individuos en ocho grupos, cuyos rasgos esenciales detallaremos a continuación.

TEST PERSONAL

Factor	Puntos	Tipo
Emotividad		
Actividad		
Secundariedad		
La fórmula resultante es:		
Significado:		
Tipo de carácter:		

Características principales de los ocho tipos de carácter

COLÉRICO: EMOTIVO, ACTIVO, PRIMARIO

Se trata de una persona generosa, cordial, llena de vitalidad y de exuberancia. Es optimista, generalmente está de buen humor. A veces, le falta gusto y mesura, y tiende a exagerar para demostrar su capacidad de poder. Su actividad es intensa y febril, pero múltiple. Le interesa la política, le gusta la gente, cree en el progreso y no tiene inconveniente en ser revolucionaria. Suele tener aptitudes para la oratoria y es impetuosa. En ocasiones, da muestras de poca sensibilidad en las relaciones interpersonales, entre ellas, la amistad. Tiene un fuerte sentido de la iniciativa y sabe involucrar a los demás en sus iniciativas por su notable poder de sugestión. Su valor dominante es la acción para alcanzar cualquier objetivo.

PASIONAL: EMOTIVO, ACTIVO, SECUNDARIO

Persona ambiciosa que se realiza a través de las relaciones personales. La tensión máxima de toda su personalidad está representada por el éxito personal y social, especialmente en lo que se refiere al dinero. Su actividad suele concentrarse en un fin único. Es dominante y posee dotes naturales de mando; sabe dominar y utilizar su agresividad. Es servicial y respetable, le gusta la sociedad. Los individuos de este grupo suelen ser buenos oradores. Se toman en serio la familia, la patria y la religión. Tienen un profundo sentido de la grandeza y saben limitar sus necesidades físicas; a veces, llegan al ascetismo. El valor dominante es el cumplimiento del trabajo, sentirse realizados.

NERVIOSO: EMOTIVO, NO ACTIVO, PRIMARIO

Personas de humor variable, que tienden a llamar la atención de los demás. Ajenas a la objetividad, necesitan embellecer la realidad, de modo que frecuentemente recurren a la mentira o a la ficción poética. Tienen un marcado gusto por lo extraño, lo horrendo y lo novedoso. Trabajan irregularmente, sólo se aplican bien en lo que les gusta. Necesitan emociones excitantes para huir de la inactividad y del aburrimiento. Les atrae todo lo moderno y raro, desde el ocultismo hasta la electrónica, la informática y las relaciones vía internet. Son volubles en el terreno afectivo, se les seduce y se les consuela rápidamente. Sus valores determinantes son la curiosidad, la diversión y la creatividad.

SENTIMENTAL: EMOTIVO, NO ACTIVO, SECUNDARIO

La ambición ideológica del tipo sentimental es elaborar proyectos, porque le divierte más que la realización práctica. Medita las opciones, tiende a la introversión. A menudo es melancólico y está descontento de sí mismo, dando la impresión de estar eternamente insatisfecho. Es tímido, susceptible, escrupuloso. Alimenta una vida interior en base al pasado. No sabe relacionarse con los demás y acaba fácilmente en la misantropía. Tiene una fuerte conciencia de la naturaleza. Se emociona y se enamora con gran facilidad. Sus valores dominantes son la intimidad y las relaciones afectivas y sentimentales.

SANGUÍNEO: NO EMOTIVO, ACTIVO, PRIMARIO

Son individuos extravertidos, les gusta comunicarse y tratar con la gente. Saben hacer observaciones de buen sentido y demuestran tener un espíritu práctico destacable. Les gusta el mundo, se comportan con urbanidad. Son espirituales, irónicos, escépticos. Saben manipular a los demás gracias a su oratoria; son convincentes y diplomáticos. En política profesan tendencias liberales y tolerantes. Tienen poco respeto por los grandes sistemas sociales y otorgan mucha importancia a la experiencia. Resultan esenciales y directos en el amor, poco propensos al romanticismo. Poseen iniciativa y una mentalidad elástica. Son oportunistas. Su valor dominante es el éxito social.

FLEMÁTICO: NO EMOTIVO, ACTIVO, SECUNDARIO

Los flemáticos son tipos amantes de las costumbres, respetuosos con los principios, puntuales, objetivos, dignos de ser creídos, equilibrados, de humor constante, generalmente impasibles. Son tenaces, pacientes, poco propensos a los afectos morbosos. Su tendencia a la repetición metódica de las acciones para alcanzar el perfeccionismo a veces roza la obsesión. Su tono de humor suele ser muy vivaz. Les gustan los sistemas abstractos y descubrir sus reglas ocultas, en un intento de interpretar, con lucidez y lógica, los aspectos irracionales. Muestran inclinación por las materias técnicas y científicas en las que resultan hábiles y geniales. Su valor dominante es la claridad.

LUNÁTICO: NO EMOTIVO, NO ACTIVO, PRIMARIO

Son personas muy intuitivas, disponibles, conciliadoras y tolerantes. A menudo exhiben una extraordinaria testarudez. En conjunto, se dice de ellas que tienen buen carácter, porque demuestran sensibilidad hacia los demás. Son negligentes, propensas a la pereza, no son en absoluto puntuales. Sienten gran indiferencia hacia el pasado, aun más que hacia el futuro. Pueden tener aptitudes para la música, el cine y el teatro. Tienen atenciones filantrópicas, les gusta ayudar a los demás, especialmente a los que sufren enfermedades o problemas existenciales. Su valor dominante es el placer por la vida, en todas sus manifestaciones.

HISTRIÓNICO: NO EMOTIVO, NO ACTIVO, SECUNDARIO

Encerrados en ellos mismos, con una vida interior intensa, no muestran nunca sus sentimientos. Exteriormente adoptan comportamientos de grandeza y son megalómanos. Los histriónicos hablan mucho y ríen poco, tienen un humor irónico y grotesco. Esclavos de sus hábitos, son conservadores. Son muy tenaces y obstinados en sus enemistades, y difícilmente se reconcilian. A los histriónicos les gusta exhibirse y controlar las situaciones de poder imponiendo su personalidad.
Rechazan el enfrentamiento y detestan las críticas. Aunque en su fuero interno la vida social les causa indiferencia, son capaces de recitar e incluso de convertirse en buenos actores, mostrando, a veces sólo aparentemente, honestidad y respetabilidad. Los valores dominantes son el lucimiento y la búsqueda de tranquilidad.

Interpretaciones de los test

Pareja 1

Pasional: emotivo, activo, secundario
Pasional: emotivo, activo, secundario

El tipo pasional es una persona muy dinámica, emprendedora, entusiasta y siempre está dispuesta a iniciar nuevas y emocionantes aventuras. El encuentro de dos individuos de este tipo reserva momentos de juego, de entendimiento en el deseo de viajar, especialmente, a lugares bastante lejanos. Puede ocurrir que el entusiasmo sea excesivo y repercuta en el rendimiento diario y en la administración económica. Les gusta la etiqueta y la formalidad. Cuando dos personas de este tipo se alían para organizar ceremonias, cenas y fiestas, se puede tener la garantía de que el resultado será todo un éxito, y seguramente grande. Por último, si la unión se consolida en matrimonio, la ceremonia de la boda se hará, sin duda, por todo lo alto, con trajes muy cuidados y lujosos, manjares exquisitos, flores exóticas, coches caros de marcas prestigiosas, joyas auténticas... en fin, no dejarán que se pierda ningún detalle y procurarán que todo sea «a lo grande» .

PAREJA 2

Pasional: emotivo, activo, secundario
Colérico: emotivo, activo, primario

El encuentro del tipo pasional con el colérico se caracteriza por el dinamismo y el deseo de movimiento. El tipo colérico no soporta al compañero que, como el pasional, para seguir un ideal olvida el contexto en el que se encuentra. El colérico cuando se altera, reacciona explosivamente. El pasional tiene recursos para no dejarse involucrar, hecho que garantiza la estabilidad de la pareja. Los estados de humor, las tendencias y las elecciones son similares, por lo que se puede alcanzar un buen entendimiento.

PAREJA 3

Pasional: emotivo, activo, secundario
Sentimental: emotivo, no activo, secundario

Puede resultar una pareja difícil porque el dinamismo del primero a veces choca con la estabilidad y el bienestar del segundo, pero cuando ambos logran analizarse pacientemente, reconocer con honestidad las necesidades de cada uno y respetarse mutuamente puede instaurarse una sólida compenetración. A ambos les atraen las cosas simples, genuinas y seguras; por tanto, tienen afinidad tanto en lo que respecta a las salidas profesionales como en las aficiones y comparten el deseo de estar mucho tiempo juntos y con amigos.

PAREJA 4

Pasional: emotivo, activo, secundario
Nervioso: emotivo, no activo, primario

El amor basado en las buenas maneras y el formalismo, propio del tipo pasional, no siempre se ve satisfecho por las actitudes del tipo nervioso, que muchas veces se muestra más espartano y menos detallista. En cambio, tienen en común la pasión por los amigos, una gran consideración por la amistad, que en algunos casos pasa delante del amor de pareja. Puede ocurrir que uno descuide al otro para seguir las ideas o la compañía de los amigos, olvidando prestar la atención debida a la pareja y a sus actividades. Son bastante probables las niñerías. Sus desacuerdos no suelen ser profundos, porque generalmente son fruto de alguna inconveniencia, y se resuelven en poco tiempo.

PAREJA 5

> Pasional: emotivo, activo, secundario
> Flemático: no emotivo, activo, secundario

Esta unión puede dar lugar a una relación de buen entendimiento. Quizá el tipo flemático resulta demasiado exacto y puntilloso a ojos del pasional, pero esto no repercute en la compenetración de la pareja, sobre todo cuando sus integrantes saben que cada uno tiene que aportar de su parte para alcanzar las metas prefijadas, y aprecian las cualidades del compañero. Pueden aparecer algunas fisuras por la necesidad de claridad y de puntualidad que el tipo flemático busca en todas las situaciones, cosa que le resulta más difícil al pasional que, desde este punto de vista, es menos exigente.

PAREJA 6

> Pasional: emotivo, activo, secundario
> Sanguíneo: no emotivo, activo, primario

Esta pareja pretende consolidar su propia realización a través del consenso social. Figurar y brillar con luz propia, iluminando al público para recoger sus aplausos, puede ser la aspiración principal de este tipo de pareja. Difícilmente se producen conflictos, y cuando estalla la tormenta prefieren el silencio. Puede ser una unión excelente, no sólo en el terreno amoroso, sino también en el campo profesional o amistoso. Todo es posible, las empresas no son nunca lo bastante arduas. Si tienen hijos estos pueden tener alguna dificultad en controlar el ritmo frenético de los padres.

PAREJA 7

Pasional: emotivo, activo, secundario
Histriónico: no emotivo, no activo, secundario

El deseo de comunicar y de estar en sociedad, típico del tipo pasional, no es compartido por el histriónico, hecho que puede originar alguna incompatibilidad y requerir una mediación constante entre ellos. En ocasiones, el entusiasmo del pasional pone en peligro la tranquilidad que persigue el tipo histriónico, ya que el primero arrastra a todo el mundo en sus laboriosas empresas, que dejan poco espacio a la estabilidad. El histriónico es demasiado sincero e ingenuo, mientras que el pasional es más reservado y misterioso. El punto que equilibra la balanza es la honestidad y la respetabilidad por el prójimo que ambos comparten. De esta manera, la estimación mutua puede servir para superar las dificultades y favorecer el buen entendimiento.

PAREJA 8

Pasional: emotivo, activo, secundario
Lunático: no emotivo, no activo, primario

Teniendo en cuenta la capacidad conciliadora del tipo lunático, la pareja puede funcionar. El pasional consigue arrastrar con facilidad al lunático en sus aventuras, siempre que tenga la precaución de poner de relieve los aspectos positivos que se derivan de la empresa. En consecuencia, existen muchas probabilidades de que se forme una pareja compenetrada y muy equilibrada, formada por una parte activa y una pasiva, que se corresponden al yin y al yang, principios femenino y masculino que en la filosofía oriental simbolizan la unión. Quizá no se observa entre estos dos tipos una pasión ciega, pero sí un amor sosegado y seguro.

PAREJA 9

> Colérico: emotivo, activo, primario
> Colérico: emotivo, activo, primario

Puede ser una pareja explosiva. El tipo colérico está dotado de una energía fuerte e intensa, que lo convierte en un ser dinámico, activo, pasional e impulsivo. El encuentro entre dos personas que tengan estas características puede presentar algunas dificultades, debidas a la necesidad de satisfacer cualquier deseo con inmediatez. El tipo colérico carece de capacidad de espera, de mediación, no tiene paciencia. Así, si todo funciona bien, la pareja tendrá muchas posibilidades de realización de expectativas, gracias a la inagotable actividad de ambos componentes, pero cuando surja la necesidad de puntualizar y de contemplar algunos detalles, podrían saltar chispas.

PAREJA 10

> Colérico: emotivo, activo, primario
> Sentimental: emotivo, no activo, secundario

Es una buena combinación para la realización de los objetivos fijados. El tipo colérico posee un gran dinamismo, el sentimental es más tranquilo y escrupuloso. Juntos pueden complementarse en aquellas actividades en las que no basta con actuar, sino que también es necesario esperar, aunque es posible que surjan algunas dificultades de entendimiento en la vida de cada día y en las diversiones. El riesgo estriba en que el tipo colérico puede sacar a relucir todas las ocasiones perdidas, las aventuras desaprovechadas, y convertirse en una persona quejosa e irritante, incapaz de idear nuevas realizaciones. En tal caso es difícil que el tipo sentimental le sirva de ayuda a causa de su tendencia a la introversión, que le hace reaccionar encerrándose cada vez más en sí mismo.

PAREJA 11

Colérico: emotivo, activo, primario
Nervioso: emotivo, no activo, primario

La unión es bastante extraña y si cuaja es probable que sea gracias a la indiferencia que muestra el tipo nervioso por la ambición excesiva del colérico. La necesidad de novedades y de diversión del tipo nervioso se compenetra bien con la inagotable energía del colérico, que le permite estar siempre dispuesto a ofrecer nuevas empresas y encuentra la fuerza para ocupar cada minuto libre en experimentar cualquier tipo de diversión. Cuando Cupido lanza su flecha entre un colérico y un nervioso, la pasión está asegurada: el primero es apasionado y caluroso, el segundo es un soñador y se lanza sin pensarlo a la historia de amor, lo que garantiza momentos de intimidad realmente espectaculares.

PAREJA 12

Colérico: emotivo, activo, primario
Flemático: no emotivo, activo, secundario

El primero es más apasionado, el segundo, más soñador y hablador. Puede surgir alguna incompatibilidad en el entendimiento sexual, debido a la diferencia de aspiraciones. Mientras el colérico necesita un contacto físico estrecho y ardiente, el flemático se estimula más a través del diálogo y de la comunicación verbal. Es una pareja intrigante, capaz de alcanzar buenas posiciones sociales, sobre todo gracias a la habilidad del tipo flemático para saber captar la esencia de las situaciones, aunque cabe la posibilidad de que la impaciencia y la impetuosidad del tipo colérico haga predominar la acción, en lugar de una estrategia ponderada.

PAREJA 13

Colérico: emotivo, activo, primario
Sanguíneo: no emotivo, activo, primario

¡Fuego y llamas de pasión! Pero también en la vida de cada día puede producirse un brutal incendio a causa de la intolerancia y de las expectativas, muchas veces difíciles de satisfacer, que ambos se exigen mutuamente. Si el colérico se deja domar, y el sanguíneo logra hacerlo gracias a su habilidad diplomática innata, la pareja brillará con luz propia y tendrá una buena proyección social, aspecto muy ambicionado por el tipo sanguíneo. La vida de esta pareja es todo menos apacible: es frenética y busca siempre quimeras y golpes de efecto. Hay un excelente entendimiento en el terreno deportivo y de las aficiones, que se practican con rigor y competitividad.

PAREJA 14

Colérico: emotivo, activo, primario
Histriónico: no emotivo, no activo, secundario

Son caracteres demasiado diferentes para coincidir en un punto de encuentro. Ambos necesitan un largo trabajo de adaptación, en el que deben limarse muchas asperezas. El tortuoso histriónico responde mal a la impulsividad del colérico. Ambos son tozudos e individualistas, aunque el tipo histriónico suele acabar mostrándose más resistente. Es muy posesivo en el amor y pretende la lealtad de la pareja, lo que le induce a radicalizar cualquier situación ambivalente, exigiendo obsesivamente continuas aclaraciones que pueden poner en dificultades al impulsivo colérico, que muchas veces actúa sin pensar sobre los pros y los contras de sus actos.

Pareja 15

> Colérico: emotivo, activo, primario
> Lunático: no emotivo, no activo, primario

La tranquilidad del tipo lunático permite al colérico expresar siempre sus aspiraciones, que normalmente se realizan. Si, por el contrario, el lunático pone un freno, lo hace porque se siente incapaz de seguir el ritmo forzado del infatigable colérico. El lunático tiene mucha menos energía que el colérico, algo que resulta incomprensible para este último, que puede llegar a sospechar falta de complicidad por parte de su pareja. Existe el riesgo de que el lunático se refugie en la pasividad y no reaccione a ningún estímulo, ni tan siquiera a la incandescencia del colérico. Para que la pareja se consolide, es conveniente que ninguna de las dos partes radicalice su posición. Es mejor hablar y explicarse.

Pareja 16

> Sentimental: emotivo, no activo, secundario
> Sentimental: emotivo, no activo, secundario

Se trata de una pareja tranquila, amante de la comodidad, que vive el amor con pasión y romanticismo. El contexto en el que se vive la historia de amor también adquiere importancia: los detalles, los colores... Sobre todo, es importante que no falte el contacto con la naturaleza. Esta pareja vive en armonía y, por lo general, es duradera, aunque en ocasiones se produce alguna fisura por culpa de los celos, puesto que se trata de una unión muy intensa y posesiva. Por tanto, puede haber escenas de celos y caras largas que duran días enteros. Los sentimentales no expresan con facilidad sus preocupaciones. La unión de dos individuos del mismo tipo puede tener lugar con una cierta lentitud al principio, hasta que consiguen poner las cosas en claro.

PAREJA 17

> Sentimental: emotivo, no activo, secundario
> Nervioso: emotivo, no activo, primario

Tanto el sentimental (emotivo, no activo, secundario), como el nervioso (emotivo, no activo, primario) son soñadores hasta el punto de dejarse llevar por las fantasías y vivir momentos felices a través de la imaginación. En el terreno práctico pueden mostrase poco hábiles, perseguir quimeras y soñar despiertos, sin lograr establecer un plan de actuación claro. La fuerza de esta relación es la gran capacidad de adaptación que ambos poseen. A los dos les gusta viajar a países lejanos y cercanos y conocer la historia, la religión, la filosofía de los pueblos del mundo, etcétera. Se emocionan con las novedades, que hacen suyas durante un cierto tiempo. Para ellos, los amigos son bastante importantes, y han de ser muchos y sobre todo muy divertidos para satisfacer el deseo de frecuentar compañías alegres.

PAREJA 18

> Sentimental: emotivo, no activo, secundario
> Flemático: no emotivo, activo, secundario

La unión formada por el tipo sentimental (emotivo, no activo, secundario) y flemático (no emotivo, activo, secundario) necesita un poco de rodaje. El sentimental vive el amor carnal, le gusta sumergirse en la pasión y vivirla con mucha intensidad. En cambio, el flemático busca un buen entendimiento intelectual, así como también busca comunicación verbal; le satisface compartir ideales, luchar por ellos y defenderlos. Otra característica que es propia del tipo flemático es la exactitud, es meticuloso, rápido e inmediato en la elaboración del pensamiento. El sentimental lo es menos, lo que puede generar algún malentendido o enfado. Si la atracción mutua consigue superar estas dificultades, la unión puede ser creativa y duradera, y consolidarse en el matrimonio.

PAREJA 19

Sentimental: emotivo, no activo, secundario
Sanguíneo: no emotivo, activo, primario

Ambos tienen un carácter fuerte, son prepotentes y les gusta lo absoluto. Dichas características les son comunes, pero ninguno de los dos está dispuesto a ser remisivo y a reconsiderar su opinión personal o su comportamiento, incluso cuando se da cuenta de que se ha equivocado. En cuanto al amor, el entendimiento sexual es óptimo y la relación puede gozar de la pasión más encendida y ardiente. Para esta pareja también son importantes los contactos sociales, pero puede ocurrir que el sanguíneo tome las riendas de la situación y se comunique incesantemente, dejando de lado involuntariamente a la pareja, mostrándose incapaz de ver más allá de su nariz por culpa de la imperativa necesidad de deslumbrar a todo el mundo.

PAREJA 20

Sentimental: emotivo, no activo, secundario
Histriónico: no emotivo, no activo, secundario

Es probable que la vida en pareja se desarrolle predominantemente en la intimidad, apartada de la vida social, pero esto no significa que transcurra con tranquilidad. El histriónico está siempre atento y se muestra crítico con el comportamiento de la pareja: es muy exigente, desea eficacia y disponibilidad, e impone sus costumbres a los demás. Al sentimental, por el contrario, le gusta respetar las tradiciones y se adapta poco a las propuestas de su compañero. El entendimiento sexual también necesita un largo rodaje. El primero es más sensual y le gustan los arrumacos y los momentos de ternura, en tanto que el segundo es más sexual e impaciente. Para que la pareja se consolide necesitará de la paciencia del sentimental que, si es capaz de adaptarse, podrá contar con la corrección y la honestidad del histriónico.

PAREJA 21

Sentimental: emotivo, no activo, secundario
Lunático: no emotivo, no activo, primario

Una pareja bien avenida. Sin duda lo que les une es la creatividad y la capacidad artística, en sus más variadas expresiones. El tipo lunático, un poco caótico y ansioso, puede beneficiarse de la estabilidad y la serenidad del sentimental. Y, por el contrario, el tipo lunático, siempre dispuesto a ayudar al prójimo y, en especial a su pareja, da confianza al sentimental, cuando este cae en el desánimo y no logra encontrar la fuerza necesaria para salir adelante. Este encuentro puede favorecer, aunque con lentitud, la realización de las respectivas aspiraciones. Ambos son románticos. La condición idónea para vivir su historia de amor sería huir a un lugar aislado del resto del mundo, en plena naturaleza, o sentados delante de la chimenea con un paisaje nevado.

Nervioso: emotivo, no activo, primario
Nervioso: emotivo, no activo, primario

PAREJA 22

Son un poco eclécticos para encontrar el equilibrio ideal. El amor ilimitado por la libertad les hace imprevisibles. Por tanto, dos individuos del tipo nervioso corren el peligro de elevar a la máxima potencia las características que harían difícil una relación de pareja que tuviera sólo un integrante de este tipo. La unión se presenta rara e inestable, pero si se consolida, es probable que el amor se viva más en el terreno de la comunicación verbal, con conversaciones basadas en susurros o gritos al viento, compartiendo amistades y realizando viajes, reales o imaginarios. Podría decirse que la relación que se instaura es una amistad amorosa, un tierno *flirt*, quizá por el excesivo respeto que tienen ambos por la libertad individual.

PAREJA 23

Nervioso: emotivo, no activo, primario
Flemático: no emotivo, activo, secundario

El entendimiento en el terreno de las ideas es perfecto. Ambos aprecian las novedades, se desviven por conocer mundo y ver los usos y costumbres de las diferentes civilizaciones. Continuamente proyectan viajes y aventuras. Para ellos el amor tiene un valor infinito que les permite abrazar a toda la humanidad, a veces en detrimento de la intimidad de la pareja. Ambos valoran mucho la amistad, y frecuentemente la pareja dedica más tiempo a estar con amigos que a la propia intimidad. Es difícil que nazca entre ellos una pasión ardiente, pero la unión puede ser duradera, aunque, eso sí, vivida fuera de las paredes de casa y sin demasiada inclinación a tener hijos.

PAREJA 24

Nervioso: emotivo, no activo, primario
Sanguíneo: no emotivo, activo, primario

La tendencia del tipo nervioso a priorizar la amistad puede fastidiar al sanguíneo, que necesita continuas atenciones y apreciaciones personales. Es muy probable, pues, que antes de alcanzar la sincronía deseada se produzcan fuertes tempestades, generalmente provocadas por el sanguíneo, mientras que el nervioso se limita a hacer de espectador y a desentenderse del problema, porque no es su estilo dejarse involucrar en los conflictos. Si logran superar los primeros momentos críticos, pueden basar su vida en la comunicación social. De esta manera, el sanguíneo, a quien preocupa tanto su imagen social, tendrá la garantía del éxito con la colaboración del nervioso, que le ayuda en las relaciones interpersonales, dando salida al mismo tiempo a la dimensión que más lo apasiona.

PAREJA 25

> Nervioso: emotivo, no activo, primario
> Histriónico: no emotivo, no activo, secundario

No es una pareja fácil. El nervioso puede hartarse de las exigencias del histriónico, que quiere tener un compañero eficaz, capaz de aceptar sus hábitos extremadamente personales. Es posible que la unión llegue a buen puerto gracias a la paciencia o, más exactamente, a la capacidad de ignorar al nervio del histriónico, lo que evita dramas y polémicas. El entendimiento sexual es excelente; en este terreno no hay aburrimiento ni monotonía, ya que ambos son curiosos, creativos y están ávidos de dar rienda suelta a sus fantasías. Ninguno de los dos exige fidelidad en el amor. Con el fin de garantizar la estabilidad de la pareja, es preferible que sus integrantes realicen actividades profesionales diferentes y no tengan negocios comunes.

PAREJA 26

> Nervioso: emotivo, no activo, primario
> Lunático: no emotivo, no activo, primario

A los dos les gusta soñar despiertos. Reúnen tanta sensibilidad y tanta imaginación que se funden en ellos mismos, de tantas aspiraciones, ideales y deseos de libertad y de experimentar sensaciones nuevas. Son personas libres e idealistas, que coinciden plenamente en el terreno intelectual. Sin embargo, es recomendable que cuenten con un buen administrador económico, que los guíe o, mejor aún, los disuada de algunas operaciones que les podrían llevar a la ruina. En la planificación de la vida de cada día puede surgir algún problema, debido a la confusión y a los descuidos. Para ellos, las condiciones ideales serían vivir en comunidad o en pequeños grupos en donde pudieran llevar a cabo acciones de voluntariado.

PAREJA 27

Flemático: no emotivo, activo, secundario
Flemático: no emotivo, activo, secundario

Son dos amigos de verdad, que sostienen agradables conversaciones, hechas de torrentes de palabras que los mantienen en vela toda la noche. Los dos buscan constantemente amigos, a pesar de tener ya muchos y de verlos con frecuencia. Las salidas son para participar en conferencias, ir al teatro o al cine, curiosear en los mercados o en los anticuarios, patinar por los paseos y conocer gente nueva. Viajar es otra de sus pasiones. Tanto si viajan a lugares lejanos como a tierras más próximas, los dos han de impregnarse de los usos y costumbres del lugar. El entendimiento en el terreno sexual es bueno cuando los dos son capaces de vivir la sexualidad en los lugares más inverosímiles, puesto que la repetición y la constancia desestabilizan la pareja.

PAREJA 28

Flemático: no emotivo, activo, secundario
Sanguíneo: no emotivo, activo, primario

El entendimiento se alcanza más fácilmente en el plano intelectual, gracias a la capacidad de mediación del flemático, que sabe negociar cuando el sanguíneo quiere imponer a toda costa sus puntos de vista, mezclando hábilmente las ideas del uno con las del otro. La pasión no siempre llega a la máxima expresión, ya que el corazón ardiente del sanguíneo exige una entrega total, mientras que el ecléctico flemático a veces prefiere la satisfacción que le procuran el intelecto, la cultura y la comunicación. Cuando el flemático está de mal humor, el sanguíneo posee recursos para devolverle la sonrisa, pero cuando se produce la situación inversa, la cosa se complica, porque el flemático no pierde la vitalidad y la agudeza, pero no dedica demasiado tiempo a levantar el ánimo de su compañero.

PAREJA 29

Flemático: no emotivo, activo, secundario
Histriónico: no emotivo, no activo, secundario

Es una pareja bien avenida. Para conquistar a su pareja, el histriónico está dispuesto a salir de su caparazón, pero no tarda en impacientarse e intenta ir al grano. El flemático, que es sensible al encanto, se queda prendado de las maneras del histriónico, y se muestra disponible. Cada uno a su manera, se toman el amor como un juego, y lo mismo hacen con las otras actividades. Por esta razón, pueden asociarse en negocios y obtener los máximos beneficios, llevando el juego siempre a su favor. Entre los dos hay una atracción especial que les hace ser muy exigentes mutuamente, y no se perdonan el más mínimo defecto, lo que hace un poco pesada la rutina diaria, que a la larga se convierte en agotadora. No valoran la fidelidad.

PAREJA 30

Flemático: no emotivo, activo, secundario
Lunático: no emotivo, no activo, primario

Cada uno vive en su propio mundo, hecho de laberintos en los que se pierden y se encuentran constantemente. Nadie los entiende, sólo ellos mismos. Se comunican mucho, e incluso cuando podrían no entenderse, no dejan de hablar. Son caracteres demasiado diferentes como para encontrar un único camino de sintonía profunda, pero logran aparcar los conflictos dando rienda suelta a la fantasía. Cuando el flemático calcula continuamente, incluso sin darse cuenta porque no para de hacer funcionar el cerebro, puede ocurrir que el lunático no encuentre espacio en los mares del corazón en los que le gusta nadar. Es la unión ideal y duradera para dos amantes que por la razón que fuere (laboral o de estudios) están obligados a vivir lejos el uno del otro.

PAREJA 31

> Sanguíneo: no emotivo, activo, primario
> Sanguíneo: no emotivo, activo, primario

Antes de encontrar el equilibrio, dos individuos de este tipo han de esperar y estar dispuestos a negociar, imponiéndose mucho autocontrol y renunciando a las bravuconadas. Les gusta sentirse apreciados y recibir los aplausos. Por eso puede darse el caso de que, al tener las mismas aspiraciones, uno no se sienta satisfecho. Es una unión muy elegante, basada en el formalismo. No les faltará la pasión, que servirá para superar cualquier tipo de dificultad y para materializar todos los propósitos.

PAREJA 32

> Sanguíneo: no emotivo, activo, primario
> Histriónico: no emotivo, no activo, secundario

Es una unión difícil. Las aspiraciones de cada uno están muy alejadas. El punto común es el deseo de ascender en la escala social, pero la solidaridad puede verse perjudicada por la introversión del histriónico. Si el amor es verdadero, los dos son capaces de elaborar un plan de acoso, sacando partido de sus propias habilidades, para asegurarse el éxito. La sexualidad puede ser de intensidad máxima, no en vano es el eje sobre el que gira la pareja. El único inconveniente que puede restar satisfacción al sanguíneo es la supresión de los preliminares que tanto le gustan, para dar paso directamente a la pasión más ardiente.

PAREJA 33

> Sanguíneo: no emotivo, activo, primario
> Lunático: no emotivo, no activo, primario

Una pareja funciona bien cuando uno es el brazo y el otro el hombro. En este caso el brazo es probable que sea el sanguíneo, pero el lunático es poco proclive a ser el hombro. Y no por falta de interés en desempeñar el papel, sino por su poca propensión a la puntualidad y a la meticulosidad, que son las características para seguir con atención las actividades que lleva a cabo el brazo. La sensibilidad del lunático no se adapta a las situaciones del sanguíneo, que a menudo lo concentra todo a su alrededor, sin dejar espacio a la pareja. Para entenderse, es preciso que el sanguíneo se tome el interés de representar el papel de enamorado y juntos cumplan alguno de sus sueños.

PAREJA 34

> Histriónico: no emotivo, no activo, secundario
> Histriónico: no emotivo, no activo, secundario

La combinación es compleja. La unión de dos caracteres fuertes y cerrados puede originar una tensión notable. El único argumento que puede propiciar el éxito es la célebre honestidad del tipo histriónico. Cuando la pareja encuentra su punto de equilibrio, más vale que nos preparemos para ver cosas extraordinarias, porque entre las particularísimas costumbres y la transgresión de las tradiciones se crea un planteamiento de vida bastante especial. El entendimiento en materia de negocios es excelente. Si los dos conducen un negocio propio, el éxito está garantizado, gracias a la perseverancia con la que se realiza el trabajo. Sólo surge algún pequeño problema en las relaciones interpersonales, porque son personas poco aficionadas a la mundanidad que pueden tener dificultades para adaptarse a las normas de convivencia. El sexo funciona a pleno rendimiento.

PAREJA 35

> Histriónico: no emotivo, no activo, secundario
> Lunático: no emotivo, no activo, primario

Hay muchas probabilidades de que la unión sea duradera. Ambos se atraen y se relacionan de forma un poco austera. Y, sin embargo, el uno siempre obtiene lo que quiere del otro: el truco es la manipulación. En efecto, el tipo histriónico posee un encanto personal con el que prácticamente hechiza a la pareja, pero el lunático, por su parte, tiene una sensibilidad muy particular que, combinada con la intuición, lo hace ser atractivo y único. En el terreno profesional no hay posibilidad de entendimiento, porque la tenacidad casi obsesiva del histriónico no puede soportar la indiferencia y la confusión del tipo lunático.

Pareja 36

Lunático: no emotivo, no activo, primario
Lunático: no emotivo, no activo, primario

Los dos individuos se sienten realmente bien cuando pueden soñar despiertos, pero si deben realizar proyectos concretos y prácticos es fácil que surjan los conflictos, porque juegan a evadir las responsabilidades que ninguno de los dos está dispuesto a aceptar. Así, para que la pareja funcione, lo ideal es que se deje aconsejar por una tercera persona que posea más sentido práctico. Otra opción es que, dado el espíritu solidario de ambos, la vida de cada día se plantee en comunidad, en donde cada uno pueda aportar algo y ponerlo a disposición de todos, sin necesidad de ocuparse de la gestión. Pero, cuidado, entre los dos no debe faltar nunca el romanticismo.

Psicología de la sexualidad

La sexualidad natural y espontánea

La energía de la mente y del cuerpo no debe considerarse ligada a la sexualidad, a pesar de que Freud hubiese afirmado que la energía vital, en su estructura primigenia, tiene naturaleza sexual, es decir, puede identificarse con el erotismo. De ahí deriva el nombre de *libido*. Freud estuvo influenciado probablemente por la filosofía de Schopenhauer, para quien la libido nutre los instintos y las pulsiones, pero no parece tener un objetivo existencial concreto en lo que Schopenhauer llamaba la *voluntad de vivir*. Muchos son los estudios que se han llevado a cabo sobre esta energía, y muchos son también los nombres usados para definirla: el *acto de voluntad* de Roberto Assagioli o la *libido* del psicoanálisis. Todos ellos son formas de energía variable, en el sentido de la intensidad del flujo, que puede ser fuerte o débil, de emisión continua o rítmica, y que puede disminuir, cargarse o descargarse.

La energía sexual, a diferencia de un instinto —considerado como estructura biológica— se caracteriza por no ser homeostática, por no estar basada en un vacío biológico que ningún otro instinto ofrece. Este vacío convierte el ejercicio de la sexualidad en un campo privilegiado y delicado, ya que el éxito está estrechamente en relación con el otro. Esto hace que la sexualidad sea responsable de la problemática neurótica del individuo. Desde este punto de vista, la patología específica neurótica de la sexualidad se manifiesta en la medida en que el componente sexual se aproxima o se aleja de la realización del deseo.

En 1912, Freud muestra las consecuencias de esta aproximación o separación, que considera como la primera variante que puede originar la patología. El caso de componente sexual que se aproxima a la realización del deseo puede ser cuando un niño experimenta el complejo de Edipo, y la sombra de este deseo no satisfecho recae en otro objeto muy determinado. La imposibilidad de la satisfacción sexual en el sentido propio crea una exigencia estructural de la situación. Entonces se produce la *inhibición por erotización*, descrita por Freud en 1926, o una *sexualidad sintomática*, con las características de una formación de compromiso carente (que son los denominados trastornos de conversión). Y, al contrario, cuando las situaciones sexuales se alejan demasiado del deseo, no se puede articular nada con relación a ellas como una exigencia, porque el objeto es excesivamente diverso. Habrá imposibilidad por inapetencia, y quizás una falta de compromiso narcisista: en este caso, el objeto no dice nada al sujeto. Normalmente las situaciones neuróticas se presentan mucho más ligadas a la excesiva proximidad que a la excesiva distancia. Sin embargo, en la vida conyugal pueden aparecer alteraciones por la excesiva distancia del deseo, por ejemplo cuando durante el embarazo o después de este las transformaciones sufridas por el cuerpo femenino pueden hacer que temporalmente sea menos apetecible.

La actividad sexual normal, es decir, el ejercicio fácil y completamente satisfactorio de la vida sexual, se manifiesta cuando el sujeto y su objeto se encuentran a una distancia óptima en relación con el deseo. A pesar de su multiplicidad y complejidad, los cuadros que se han estudiado y que presentamos a continuación se pueden agrupar en dos grandes grupos: la impotencia en el hombre y la frigidez en la mujer.

Es importante aclarar que otros trastornos de la vida sexual de la mujer no se incluyen dentro de las neurosis sexuales, sino que se clasifican como trastornos causados por el estrés, como por ejemplo la falta de leche, el rechazo a la lactancia y algunas formas de esterilidad. Por esta razón, al igual que la esterilidad psicógena del hombre, pertenecen al campo de la psicología psicosomática.

El amor y el placer sexual

Alexander Lowen, psiquiatra fundador de la psicoterapia de la bioenergética, en su libro *Bioenergética* afirma lo siguiente:

> Sería ilógico escribir sobre el sexo sin profundizar en su estrecha y necesaria relación con el amor. La persona sexualmente sofisticada considera el sexo y el amor como dos sentimientos diferentes y separados. Esta conducta es característica de los individuos neuróticos, y se basa en una visión superficial de las emociones.

Antes de iniciar el análisis de la sexualidad del amor, es preciso reconocer que, en nuestra cultura, el hombre medio no está del todo libre

> Afrontar psicológicamente la sexualidad significa relacionarse con los aspectos complejos y múltiples del alma y del cuerpo humano.

de conflictos neuróticos y de conductas ambivalentes. Se entiende por *ambivalencia* la presencia de tendencias opuestas y simultáneas en la personalidad del individuo. Por ejemplo, cuando una mujer que ama a su marido se comporta con hostilidad. O cuando una madre dice querer a sus hijos, pero se muestra colérica con ellos, hasta el extremo de que le temen. La ambivalencia es la causa de la presencia del odio y del amor en una misma relación. Deriva de un conflicto de la personalidad, que desdobla en emociones contrarias lo que debería ser un sentimiento único.

Volviendo a Lowen, el sexo es una expresión biológica del amor. Si el acto sexual está acompañado por sentimientos de hostilidad o desprecio por la pareja es signo de una ambivalencia que denota la disociación de los sentimientos conscientes del individuo, de su comportamiento instintivo. En sus formas más intensas el sentimiento del amor incluye el deseo de unirse, de fundirse, con la persona amada. Como escribe Erich Fromm en su libro *El arte de amar*, la solución del problema de la existencia humana «está en llegar a la unión entre dos personas, en la fusión con otro, en el amor».

Este análisis puramente fisiológico de lo que ocurre durante el abrazo nos lleva a interpretar el resultado como una constatación de la tesis según la cual el sexo es una expresión de amor. La erección del pene y la satisfacción sexual para un hombre depende de la tumescencia del órgano, producida por el riego sanguíneo. Y, de la misma manera, la tumescencia es necesaria para la respuesta sexual femenina. La sensación de plenitud en la vagina y en el clítoris, la emisión de flujo y la sensación de calor dependen del riego sanguíneo de la región pelviana del cuerpo femenino.

En efecto, en ambos sexos, la excitación genital puede considerarse, desde el punto de vista biológico, como una función de la sangre y del sistema circulatorio. Durante el acto sexual, dos órganos irrigados de sangre, a menudo hasta el punto de latir, entran en contacto de la manera más íntima posible. Todas las zonas erógenas se caracterizan por la riqueza de riego sanguíneo.

La conexión con el corazón y el sistema circulatorio nos permite referirnos al acto sexual como un acto de amor, un acto del corazón.

Amor y corazón (actividad cardiocirculatoria) son una unión representada por la mítica flecha de Cupido, que atraviesa al segundo y enciende el primero.

En el comportamiento de algunos psicópatas se constata también la asociación entre amor y corazón, por ejemplo, en los casos en los que escriben mensajes de amor con su sangre.

Así pues, corazón, amor y sexo están unidos por sutiles relaciones biológicas, fisiológicas y psicológicas. Sólo un equilibrio perfecto de espontaneidad instintiva y de madurez psíquica y sexual garantizan la realización-gratificación sexual.

Puede ocurrir que quien experimenta la gratificación sexual crea que encuentra la satisfacción suficiente en el acto en sí mismo, sin considerarlo un acto de amor. La falta del mencionado equilibrio entre factores biológicos, fisiológicos y psicológicos hace que la situación no colme totalmente al individuo, y el resultado suele ser el deseo incontenible de buscar nuevas experiencias, rozando la perversión.

A primera vista, las perversiones pueden parecer una vía de realización sexual realmente atractiva, que induce a hombres y a mujeres a experimentar uniones extraconyugales, a pesar de declararse enamorados o unidos sentimentalmente con sus parejas. En realidad, las perversiones representan la ilusión ambicionada de gozar sexualmente del amor, pero sin estar involucrado en él. Es como si el perverso, o aquel que profesa y practica los aspectos meramente sexuales, buscara precisamente en este tipo de unión el placer orgásmico, que es un aspecto más del sexo-amor-corazón.

El deseo sexual tiende a la fusión y es sólo un apetito físico, el alivio de una tensión espasmódica. Sin embargo, el deseo sexual puede ser estimulado por el ansia de la soledad, por el deseo de conquistar o de ser conquistado, por la vanidad, por la voluntad de herir o incluso de destruir, del mismo modo que puede ser estimulado por el amor. El deseo sexual puede confundirse fácilmente, o ser estimulado, por una emoción fuerte. Erich Fromm sostiene lo siguiente:

> Si el deseo de unión física no está alimentado por el amor, si el amor erótico no es también amor fraternal, no lleva nunca a la fusión, a no ser que se considere en un sentido orgiástico y ficticio.

La atracción sexual crea en el momento una ilusión de unión, pero, sin embargo, sin amor esta unión deja a dos seres ajenos el uno del otro y separados igual que antes.

Durante un acto sexual consumado únicamente como un fin en sí mismo, sin que intervenga el amor, se manifiesta la ambivalencia que, como ya hemos visto, representa una escisión, una despolarización entre sexo y amor, a la que se añade la relación placer-dolor.

Precisamente en esta dicotomía se basa el comportamiento de algunos individuos que podrían definirse, aunque superficialmente, como perturbados (masoquistas o sádicos); están convencidos de que causándose dolor a ellos mismos o a la pareja pueden aumentar el placer del orgasmo. Ciertamente el orgasmo tiene algo de animal, en donde instinto y agresividad se funden con ternura y romanticismo. A primera vista, un acto sexual puede suscitar también la idea de dolor. La fase inicial de excitación va seguida de unos preliminares, pero a continuación se llega a los movimientos propios del coito, y en este estadio las expresiones y los ritmos recuerdan manifestaciones de agresividad y de violencia, hasta que culminan en el orgasmo. Esta sucesión de fases, y las sensaciones que se relacionan con cada una de ellas, hace pensar que un cierto dolor es necesario para obtener placer.

Las disfunciones sexuales

En la mujer el problema de la incapacidad orgásmica está definido más claramente que en el hombre, probablemente porque el mundo femenino tiene una mayor tendencia al autoanálisis y a la crítica de su mundo interior. Muchas mujeres declaran abiertamente no haber sentido nunca ningún tipo de goce durante el acto sexual. Algunas, incluso, ignoran que la mujer pueda tener orgasmos y percibirlos de forma análoga a un hombre. Otras sólo llegan al orgasmo cuando la relación se basa en la armonía y el afecto.

Uno de los resultados de la revolución cultural de los años setenta es la toma de consciencia por parte de las mujeres de no sentirse plenamente colmadas. La consciencia femenina de la posibilidad natural de poder sentir placer orgásmico en la relación sexual es un fenómeno muy reciente. Hace unos meses, una de nuestras pacientes expresó con gran sencillez y claridad la decepción que sentía. Dijo de forma explícita:

> Todavía no he conseguido tener un orgasmo. Al contrario, el coito me entristece y me da ganas de llorar. Creo que si durante el coito tuviera un orgasmo vaginal me sentiría realmente mujer.

En la mujer se dan dos formas de orgasmo. Muchas mujeres alcanzan el clímax sexual mediante la estimulación del clítoris. Esta reacción recibe el nombre de *orgasmo clitoridiano*, que se diferencia del orgasmo vaginal. Esta primera observación da pie a una serie de cuestiones: ¿Por qué algunas mujeres sólo tienen orgasmos clitoridianos? ¿Cuál es la diferencia entre los dos? Cuando no es posible alcanzar el orgasmo vaginal, ¿resulta satisfactorio el orgasmo clitoridiano? Estas son las preguntas que intentaremos responder para entender el problema de la anorgasmia femenina.

En el estudio de Kinsey sobre la sexualidad, encontramos la siguiente afirmación a propósito del comportamiento sexual de la mujer:

> Si consideramos probado que normalmente las paredes de la vagina son insensibles, es evidente que la satisfacción obtenida mediante la penetración vaginal tiene que depender de un mecanismo situado en el exterior de las paredes vaginales.

Esta consideración tiene una doble interpretación: por un lado, contiene una verdad obvia y, por el otro, un equívoco quizá menos obvio. Lo cierto es que el mecanismo del orgasmo depende de las paredes vaginales, y que el orgasmo es un fenómeno mecánico relacionado directamente con un movimiento corporal, concretamente el pélvico. La confusión surge al considerar que, al ser insensibles las paredes de la vagina, el orgasmo femenino tiene que provenir de la estimulación de otra parte del cuerpo, pero en realidad se trata de un estímulo que interrelaciona otras partes del cuerpo y no puede limitarse a las paredes de la vagina, que efectivamente son insensibles, pero realizan las contracciones responsables de la sensación orgásmica.

Kinsey sugiere al respecto cuatro regiones que considera fuentes de la excitación que conduce al orgasmo:

— la estimulación táctil de la superficie del cuerpo, cuando el hombre yace sobre la mujer;
— la estimulación táctil del clítoris, de los labios menores y de la entrada de la vagina;
— la estimulación de los músculos elevadores;
— la estimulación del abdomen y de la zona perineal.

El orgasmo vaginal es más completo que el clitoridiano: este último se limita a las áreas sensoriales labiales, mientras que el vaginal abarca las áreas neuromusculares internas y las pélvicas externas.

A diferencia de las disfunciones masculinas, las femeninas no han sido totalmente aclaradas. Prueba de ello es el significado confuso del término *frigidez*, que se emplea para todas las formas de inhibición de la reacción sexual de la mujer, desde la anorgasmia total y la falta de sensaciones eróticas hasta los grados menores de inhibición orgásmica. Por lo tanto, el término es impreciso desde dos puntos de vista: en primer lugar, no está implícito el hecho de que los componentes de la reacción sexual femenina puedan estar inhibidos por separado y, en segundo lugar, se da por descontado que la mujer que sufre una inhibición sexual tiene que ser necesariamente fría y hostil con los hombres, cosa inexacta y negativa. En realidad, las mujeres que tienen una disfunción sexual a menudo son cálidas y reactivas. Las numerosas variantes de frigidez, como la frigidez en el coito o la vaginal, que suelen encontrarse en las obras especializadas, no sólo no ayudan a comprender mejor las disfunciones sexuales femeninas, sino que en ocasiones sólo sirven para aumentar la confusión.

En este panorama conceptual y diagnóstico, en el intento de aclarar la terminología corriente y en consecuencia la praxis clínica terapéutica, Masters y Johnson han propuesto como alternativa al de frigidez el término *disfunción orgásmica*, menos denigrante y, sin duda, más exacto.

Veamos brevemente qué se entiende por disfunción orgásmica. La gran mayoría de mujeres que tienen problemas de orden sexual acusa inhibición específica del reflejo del orgasmo. La disfunción orgásmica hace referencia exclusivamente a la inhibición del componente orgásmico de la reacción sexual femenina, y no incluye el trastorno de la excitación general (aunque puede estar acompañada de una inhibición secundaria del componente de excitación de la reacción sexual). Por norma general, las mujeres que sufren disfunción orgásmica reaccionan sexualmente. Se enamoran, experimentan sensaciones eróticas, se lubrifican abundantemente y presentan también la turgencia genital normal. La dificultad reside exclusivamente en la capacidad de alcanzar el orgasmo. Es totalmente erróneo pensar que una mujer que sufre disfunción orgásmica es incapaz de sentir placer en la sexualidad. Los estímulos están, la excitación también; solamente falta la descarga orgásmica.

Las causas psicológicas de la incapacidad de una mujer para alcanzar el orgasmo son múltiples e incluyen parámetros intrapsíquicos: conflictos con la madre o la pareja, con los usos y costumbres de las tradiciones familiares o con el grupo social al que pertenece, etc.

Los trastornos más frecuentes relativos al comportamiento sexual masculino son la eyaculación precoz y los problemas de erección. La sexología considera que el 90 % de los casos de eyaculación precoz tienen un componente psicológico y emotivo. Frecuentemente se trata de varones de edad comprendida entre los 18 y los 45 años, que viven una relación con un componente emotivo y sentimental tan intenso que les altera el rendimiento sexual, desencadenando, como respuesta, una eyaculación anticipada, respecto a la duración normal de una relación sexual. El lado tendencioso es el componente psicológico: el hombre suele valorar la rapidez de la relación como un hecho negativo. Ello le crea una situación de «jaque mate», forma un círculo vicioso que no hace más que aumentar la irregularidad, hasta hacerlo crónico en algunos casos. Al tratarse de un problema con fondo emotivo afectivo, es conveniente que el varón afectado por este trastorno se someta a una terapia de tipo cognitivo. El diálogo y la comprensión de la raíz emotiva del problema son beneficiosos, pero, además, para evitar que se siga manifestando hace falta capacidad de aprender y control de la emotividad. El uso de instrumental tecnológico, como el *biofeedback*, un medidor de la tensión nerviosa cutánea, contribuye a ayudar al paciente a medir, y por consiguiente a modificar, su reactividad emotiva durante el acto sexual. Aprendiendo a controlar la emotividad y la ansiedad, que son la causa del problema, mediante las técnicas psicológicas oportunas, el problema se resuelve en un plazo de seis meses de forma prácticamente definitiva.

El problema del déficit en el rendimiento sexual, es decir, los problemas de erección, es más complejo. Existen dos variantes: una claramente psicológica y hormonal, que se corrige fácilmente con una actuación psicológica y psicofuncional, y con el uso del *biofeedback*, y otra fisiológica originada por una descompensación hormonal-vascular con componentes psicológicos. En este último caso, la terapia pasa por un estudio clínico que incluye analíticas, índices hormonales y grado de vascularización del pene, concretamente de los cuerpos cavernosos. El remedio puede ser de tipo farmacológico, como por ejemplo el tratamiento con viagra, combinado con una terapia psicológica de apoyo.

En todos los casos, la voluntad de curación por parte del paciente es fundamental para superar el problema, pero quizás el aspecto más importante sea el hecho de relacionarse con una mujer tolerable y comprensiva, que esté dispuesta a ayudar a su pareja. Si en la pareja hay colaboración, la superación del problema está garantizada.

Principales desviaciones sexuales

A continuación, definiremos lo que en sexología y en psiquiatría se entiende como las principales parafilias o desviaciones sexuales:

• Exhibicionismo: durante un periodo de al menos seis meses el individuo ha seguido el impulso de mostrar a sí mismo y a los demás sus órganos genitales, experimentando fantasías excitantes sexualmente.

• Fetichismo: en el transcurso de un periodo de al menos seis meses se observan impulsos sexuales y fantasías excitantes recurrentes que implican el uso solitario de objetos inanimados, como por ejemplo la lencería. La persona puede usar los mismos objetos en compañía de su pareja.

• Pedofilia: durante un periodo de al menos seis meses se observan impulsos sexuales y fantasías excitantes recurrentes que implican actividades sexuales con niños.

• Masoquismo sexual: se observan impulsos sexuales y fantasías excitantes recurrentes que implican actos reales (no simulados) que conllevan la humillación, el trato violento o algún otro tipo de sufrimiento.

• Sadismo sexual: durante un periodo de al menos seis meses se observan impulsos sexuales y fantasías excitantes que implican actos reales (no simulados) en los que el sufrimiento psicológico, físico, o la humillación infligida a la pareja son motivo de excitación sexual.

• Fetichismo de travestismo: durante un periodo de al menos seis meses en un hombre heterosexual se observan intensos impulsos sexuales y fantasías excitantes sexualmente que tienen que ver con el travestismo.

• Voyeurismo: manifestación de intensos impulsos sexuales recurrentes y fantasías sexualmente excitantes que tienen que ver con el hecho de observar a una persona que no se lo espera cuando está desnuda, mientras se está desnudando o realiza una actividad sexual.

• Escatología telefónica, con frases obscenas de provocación sexual.

• Necrofilia: impulso sexual hacia los cadáveres.

• Parcialismo: atención en detalles del cuerpo.

• Zoofilia: apareamiento con animales.

• Coprofilia: la implicación de las heces produce excitación sexual.

• Clismafilia: la implicación de clísteres (lavativas) produce excitación sexual.

• Urofilia: la implicación de las orinas produce excitación sexual.

Estos son los límites dentro de los cuales se enmarcan las desviaciones sexuales, cuya etiología requeriría una exposición compleja. Para un tratamiento más pertinente preferiremos un análisis de las emociones y de los estados de ánimo que pueden causar los trastornos y las alteraciones de la actividad sexual.

El tic nervioso

Un tic nervioso es un movimiento convulsivo involuntario o una emisión sonora, rápida, recurrente, no rítmica y estereotipada. El individuo lo siente como una acción incontenible, aunque puede suspenderse durante periodos relativamente largos. Todas las formas de tics se ven aumentadas por el estrés, y normalmente disminuyen de intensidad durante el sueño nocturno. Al despertar, el tic se reanuda.

Este trastorno se puede manifestar de forma aislada o múltiple, en el plano psicomotor o vocal, muchas veces al día, durante un periodo mínimo de dos semanas, con una duración potencial total de doce meses consecutivos.

Los tics transitorios más frecuentes (que no son graves y tienen curación) son los guiños o los movimientos laterales de la boca, morderse los labios o la lengua, la onicofagia (comerse las uñas y los repelones), ponerse y quitarse repetidamente las gafas o jugar constantemente con ellas, ajustarse repetidamente la corbata, jugar con pendientes, brazaletes, collares, anillos, etc. Estas acciones pueden ir acompañadas de emisiones de sonidos guturales.

Una persona puede tener uno o varios tics, y cuando tiene más de uno, pueden manifestarse a la vez, en secuencia o casualmente. Las primeras manifestaciones de este fenómeno nervioso suelen aparecer durante la infancia o al principio de la adolescencia. Estudios efectuados en niños de educación primaria han demostrado que entre un 5 y un 24 % han experimentado algún fenómeno relacionado con tics nerviosos en su historial. Sin embargo, al no especificar dichos estudios la duración mínima y máxima, no se pueden utilizar estos datos para indicar la preponderancia de los trastornos y su repetición en la edad adulta. En cambio, se sabe con certeza que la incidencia de los tics nerviosos es tres veces superior en los varones que en las mujeres. Además, casi siempre existen precedentes de carácter hereditario, en los parientes de primer grado.

Otro aspecto de los tics nerviosos ligados con las tensiones vocales y fonéticas es el tartamudeo o pérdida de la fluidez verbal que comporta una cadencia anormalmente rápida y un ritmo errático del discurso, haciéndolo poco claro y concluyente. Normalmente se dan formas de frasear defectuosas y palabras pronunciadas a borbotones. La persona afectada normalmente no se da cuenta del defecto de comunicación. Las manifestaciones asociadas más comunes son errores en la articulación de los sonidos, omisión o sustitución de sílabas, fallos en la expresión con posibles errores sintácticos (por ejemplo, la omisión de una palabra puede ser sustituida por una interjección como *uh*), y en casos particulares puede derivar en problemas de atención, con hiperactividad y posible insuficiencia auditivo-perceptiva o visualmotriz.

En el libro *El tic como equivalente de la masturbación*, W. Reich destaca el componente energético de tensión corporal del tic, que debe encontrarse necesariamente a sí mismo, a través de la actividad motriz causada por la excitación de las emociones, y que representa la posibilidad de descargar la emoción como fuente que altera el equilibrio. La repetición del gesto que constituye el tic nervioso hizo que el psiquiatra se planteara un parecido con la masturbación. Naturalmente, el aspecto analítico y el cuadro objetivo de semejanza entre el tic nervioso y el aspecto similar sexual debe considerarse exclusivamente en el plano de carga y descarga de una tensión psicosomática.

Olfato e instinto sexual

El deseo sexual encierra una serie de fenómenos que no sólo son del dominio psicológico y biológico, sino que también están relacionados con la adaptación al medio e incluso al ritmo estacional.

Existe una disciplina médica que estudia los fenómenos biológicos del organismo humano e incluye, además, aquellos fenómenos que se manifiestan rítmicamente en función del tiempo. Dicha disciplina se denomina *cronobiología*.

La cronobiología fue creada alrededor del año 1950 por los investigadores Alain Reinberg, J. Aschoff y F. Halberg, que descubrieron que el organismo es sensible al ritmo del tiempo. Según ellos, las funciones internas del organismo oscilan rítmicamente (es decir, se repiten siguiendo un movimiento constante e identificable), y dicha oscilación no es casual sino que tiene una regularidad propia. La cronobiología estudia los ritmos, o ciclos, que influyen en el hombre, de tal manera que son un elemento integrante de su equilibrio psicofísico y de su propia supervivencia. Además de los ciclos que gobiernan los ritmos endógenos de la sincronización de la alternancia sueño-vigilia, la cronobiología describe ciclos anuales, cuya duración va de 10 a 13 meses. Se trata de un fenómeno intrínseco a la astrología, actualmente corroborado por la cronobiología, como la interrelación entre las estaciones y la predisposición a las enfermedades.

En 1979, H. Jones y D. Frei, del departamento de psiquiatría de la Universidad de Melbourne, publicaron un estudio en el que se planteaba la relación entre estación de nacimiento y enfermedades psiquiátricas. Para ello analizaron la fecha de nacimiento de 915 esquizofrénicos, cuya enfermedad había sido diagnosticada con especial rigor. Se trataba de 467 varones y 448 mujeres. Los resultados fueron bastante parecidos a los obtenidos en otros estudios realizados en el hemisferio septentrional: la mayor parte de los esquizofrénicos había nacido en invierno. El dato era particularmente significativo porque en el hemisferio sur este tipo de pacientes había nacido entre mayo y octubre, es decir, durante los meses del invierno austral. Esto demostraba que el invierno condicionaba, de alguna manera, la predisposición a la esquizofrenia.

(*continuación*)

La influencia de las estaciones se estudió en relación con varias enfermedades. En el caso del síndrome de Down, por ejemplo, se observó una influencia del cambio de estaciones en el sistema endocrino de las madres. Y en la oligofrenia (cociente intelectual por debajo de la media) parece que existe algún tipo de relación entre la estación de nacimiento y el nivel intelectual.

Uno de los aspectos más interesantes del cambio estacional que estudia la cronobiología es su influencia en el sistema endocrino del hombre, con el consiguiente aumento de los niveles de agresividad y de actividad sexual. En 1981, un equipo de cronobiólogos, entre los que figuraba A. Reinberg, presentó los datos de un estudio en el que se demostraba la existencia de un sensible incremento de episodios de violencia sexual en primavera y verano. Los datos habían sido obtenidos en ciudades muy diferentes, como París, Houston y Texas. De las primeras hipótesis experimentales se deriva que las subidas hormonales de deseo sexual, más masculinas que femeninas, están estrechamente relacionadas con los cambios estacionales, en concreto con la transición de la primavera al verano. Durante este periodo, los niveles de testosterona, el número de espermatozoides y el volumen de esperma aumentan notablemente, lo que podría explicar el incremento de las relaciones sexuales. Es como si el tránsito anual del sol actuara de alguna manera en la actividad hormonal sexual y, en consecuencia, en el deseo.

Si analizamos en detalle los cambios que conlleva la primavera y el verano, podemos observar varios elementos que corroboran la teoría de la cronobiología. Con la llegada de la primavera, el planeta y los seres que viven en él experimentan un renacimiento caracterizado por el efecto del sol, por la acción de un clima más templado y estimulante, ideal para crear y procrear. Es como si los organismos recibieran el aliento «ambiental», climático y térmico, cuyo efecto estimulara el funcionamiento de los sistemas inmunológico y reproductor, actuando como una especie de *reset* psicobiológico que activa las hormonas. También se constata una agudización del instinto sexual a través de la receptividad olfativa, combinada con el estímulo visual y térmico que conlleva la acción solar.

A pesar de que en la sociedad actual está claramente superado por el canal perceptivo, a través de otros sentidos como son la vista y el oído, el olfato conserva una gran importancia en lo que se refiere a la activación de los centros del deseo y del placer. No en vano ha sido definido como una tensión hacia lo desconocido. Si bien está emanado por una fuente puntual, el olor no se puede localizar en un único punto del espacio, sino que se esparce. Además, todo perfume posee un equilibrio que se pone de relieve en el transcurso del tiempo, y que cambia según las situaciones y las condiciones.

En el ámbito del placer sexual, entendido en su globalidad, el hombre ha construido una compleja serie de olores: el olor del cuerpo, del sudor y de los genitales. Los olores masculinos (el del glande, el pene, etcétera) se diferencian de los olores femeninos (el de la vulva, la vagina, etc.). El olor sexual femenino es en gran medida de origen sebáceo. La diferencia con el olor masculino, también de origen sebáceo, se debe a causas metabólicas originadas por los gonosomas. El olor del pene y de la vulva aparecen mucho antes de la pubertad (precisamente porque dependen de los gonosomas), se agudizan con la impregnación hormonal que tiene lugar durante la pubertad, que acentúa la característica olfativa de cada sexo y perduran pasada la menopausia.

Además de la producción de olor sexual a través de los gonosomas, la transmisión aérea de este se produce a través de unas hormonas, las feromonas. Su influencia en los mecanismos de atracción y en el contexto del placer sexual es real, aunque su incidencia es menor que en el comportamiento sexual de los animales. La vía olfativa de los seres humanos, el rinocéfalo, está conectada con la activación sexual de las zonas del tálamo y del hipotálamo. Nuestros antepasados se excitaban y copulaban porque percibían en el aire el olor de las feromonas.

A lo largo de los siglos, la sensibilidad olfativa ha cambiado en paralelo a los cambios de las costumbres y al progreso. Sin embargo, es interesante observar que el cambio de las estaciones sigue teniendo la capacidad de influir y potenciar la capacidad olfativa. En efecto, en las estaciones de clima más bondadoso, se pueden percibir aromas estimulantes similares a los olores humanos. Junto al despertar de la naturaleza, al olor de la tierra mojada por el agua o la escarcha, en primavera y verano se propaga por el aire un olor muy parecido al producido por los órganos sexuales; pensemos, sin ir más lejos, en el olor del musgo o del sotobosque, que recuerda al de los órganos sexuales femeninos. Es como si la naturaleza, siguiendo un ritmo solar preciso, lanzara un mensaje primaveral —de tipo visual, epidérmico y también olfativo— de vida, renacimiento y, sobre todo, de deseo sexual.

Hans Selye ha estudiado el estrés y lo ha subdividido en dos categorías: el *eustrés*, un estado de tensión relacional que se vive con placer, y el *distrés*, una tensión relacional que se vive con intolerancia y genera sufrimiento.

Estrés y capacidad sexual

Es bien sabido que el estrés negativo —el *distrés*— es peligroso porque altera todas las funciones fisiológicas importantes, como la respiración, la digestión, la peristalsis intestinal o la actividad cardiovascular, así como la sexual, concretamente el orgasmo. Siempre que se genera un exceso de tensión nerviosa que no es posible descargar al exterior con comportamientos adecuados, automáticamente repercute en las estructuras neuromusculares del cuerpo, con la consiguiente alteración de la funcionalidad de los órganos.

Cabe preguntarse por qué en algunos individuos la tensión se descarga en los músculos intercostales, alterando así la respiración, en otros lo hace en la musculatura abdominal, perturbando la digestión, o en los músculos pélvicos, modificando la función sexual. La clave está en el hecho de que la energía nerviosa que se descarga en el cuerpo, y que es generadora de estrés, sigue el esquema mental de cada individuo. Si una persona que vive una situación de estrés laboral tiene un problema sentimental, es probable que somatice el estrés en la zona torácica, en donde está albergado el corazón, que es un órgano estrechamente relacionado con los sentimientos. Si la persona en cuestión tiene un problema de incompatibilidad pasajera con su pareja, es más probable que descargue y somatice la tensión en la zona pélvica, con lo que reduce la movilidad de la cadera que repercute, no en el deseo ni en el grado de excitación, sino en el orgasmo; el estrés incide entonces en la capacidad sexual, inhibiendo las estructuras neuromusculares de la pelvis, que están congestionadas por la tensión, no se mueven libremente y se obstaculiza la plena expresión sexual.

La aromaterapia para mejorar la sexualidad de la pareja

Olores y factores ambientales: influencia en la mente y en el cuerpo

El mecanismo fisiológico del olfato es bastante complejo. Sólo se conoce con precisión el recorrido que efectúan las moléculas olorosas hasta las áreas específicas del cerebro. El aire llega a la parte superior de la nariz, donde se encuentran las dos cavidades olfativas. Estas están formadas de tejido epitelial que contiene dos tipos de fibras nerviosas: la terminación del nervio olfativo y la terminación del nervio trigémino. Los extremos del nervio olfativo están formados por millones de células provistas de unos filamentos ciliares vibrátiles, que actúan como receptores de las moléculas odoríferas. El nervio olfativo es excitado por las vibraciones de los receptores ciliares y transmite los impulsos a las áreas cerebrales del sistema límbico, concretamente al hipotálamo y a la hipófisis (el hipotálamo está formado por células nerviosas que reciben estímulos instintivos como el hambre, la sed, el sueño o el deseo sexual; la hipófisis controla el sistema hormonal del organismo).

Las vías olfativas representan un canal de estimulación y de posible regulación natural de importantes funciones psicológicas y físicas. Las condiciones ambientales actuales provocan alteraciones de la funcionalidad natural y espontánea del olfato, como episodios de insomnio, desequilibrio del apetito, hemicráneas tensionales y vasculares, oscilaciones del estado anímico y del deseo sexual, etc.

La aromaterapia puede compensar estas situaciones. Los estudios realizados en este ámbito sostienen que existe una correspondencia entre determinadas esencias y la activación de ciertas emociones. Los experimentos realizados en individuos demuestran que los olores modifican la actividad del sistema nervioso y el comportamiento humano.

En cualquier caso, el terreno de estudio encierra una gran complejidad, como demuestra el hecho de que un mismo olor puede resultar agradable para una persona y desagradable para otra. Por tanto, el criterio de valoración y clasificación es todavía muy subjetivo, aunque estadísticamente se pueden obtener indicaciones de carácter general, a partir de las cuales se establecen criterios aceptables que pueden ser tratados con coherencia. A cada cual su perfume, con la respuesta personal de distensión neuromuscular o de amplificación del deseo. Cuando el olor resulta desagradable, la reacción es apartarse, ponerse rígido, y aparece, en consecuencia, una tendencia al desánimo.

Cómo estimular de manera natural el deseo y la entrega sexual

En verano, la capacidad olfativa sufre un perceptible aumento. Todo emana olor: la tierra, el mar, el campo, la montaña, los prados, los árboles, las flores, los matorrales; incluso las ciudades contaminadas poseen, entre el cemento y el asfalto, reductos verdes que emanan bajo los rayos del sol olores agradables que inducen a la relajación y activan sensaciones corporales ligadas a la esfera del placer.

Según los estudios llevados a cabo por el fitoterapeuta francés P. Belache y su colega inglés C. Wildwood, los olores de la naturaleza activan directamente las respuestas naturales y espontáneas de los comportamientos instintivos de los seres humanos. Los estudiosos han establecido tres categorías fundamentales de olores-perfumes naturales, que tienen una correspondencia estadística con respuestas del comportamiento compartidas por la mayoría de individuos que han realizado la experiencia. Los resultados presentan respuestas muy específicas referidas a:

• La estabilización del estado anímico: esencia de manzanilla, hinojo, jazmín, enebro, hisopo, melisa, mirra, mirto, azahar, pino, romero y jengibre.

• El aumento del deseo sexual: esencias de albahaca, canela, clavo, cilantro, menta, musgo, patchouli, rosa, sándalo, ylang-ylang y vetiver.

• La distensión neuromuscular (efecto sedante del sistema nervioso): esencias de naranja amarga, incienso, lavanda, mejorana, mandarina, salvia y verbena.

El lector puede experimentar el efecto de las esencias, y descubrir sus preferencias personales y la posibilidad de combinarlas. El grado de receptividad olfativa, de placer y de estimulación es muy personal.

Las esencias para el imaginario erótico

Veamos la acción de las esencias en el campo de la aromaterapia:

• La esencia de vetiver, gramínea de origen indio, estimula las vías olfativas, calmando la acción de los pensamientos angustiosos y la fluctuación negativa de las emociones, estabiliza el humor y sugiere una mayor capacidad de concentración. En oriente este perfume se usa para despertar el vigor y la seguridad en la esfera sexual, activando interiormente el deseo sexual.

• La esencia de albahaca actúa psicológicamente contra la tendencia a la fatiga crónica, la desgana y los estados depresivos y estimula el coraje en los momentos de ansiedad causada por el pánico. Otorga una sensación de deseo epidérmico de contacto y abrazo.

• La esencia de patchouli, de procedencia malaya, estimula la imaginación amplificando la sensualidad y el espíritu salvaje, enciende fantasías y deseos eróticos.

• El sándalo, de origen indio, mengua la agresividad y la exaltación. Se obtiene la máxima eficacia tomando un baño caliente con 20 gotas de esta esencia, que estimula la sensación de una especie de abertura mental por los espacios amplios de la calma, liberando la energía sexual bloqueada por las tensiones psicosomáticas.

• La esencia de clavo despierta las pulsiones emotivas del deseo de vivir con audacia, voluntad y determinación. No es de extrañar que en el archipiélago de las Molucas, la tierra de origen del clavo, esté considerado un potente afrodisíaco.

El uso de las esencias

Para utilizar las esencias se recomienda introducir las hierbas en bolsitas de tela, que llevaremos siempre encima. También se pueden utilizar compresas impregnadas con la esencia, que se llevan en el bolso, en la cartera o colgadas del cuello.

Una vez descubierta la esencia o la combinación de esencias personales, es preciso observar la reacción cutánea para evitar la aparición de erupciones alérgicas. Es aconsejable realizar una primera prueba con pequeñas cantidades y en zonas de la piel que no estén a la vista. Si se produce una reacción, habrá que llevar la bolsita dentro del bolso.

En los lugares cerrados, en casa o en el trabajo, se aconseja el uso de vaporizadores de vela, más ecológicos que los eléctricos o los nebulizadores.

Las esencias indicadas son fáciles de encontrar en herboristerías o en farmacias en las que se vendan productos homeopáticos.

La elección del perfume es un acto creativo, y por esta razón tiene un efecto terapéutico. Primero aparece la idea, el sentimiento, la intención, y después el perfume se convierte en la expresión de todo esto, exactamente igual que ocurre en el proceso de creación artística. Al descubrir el perfume personal se obtiene un complemento individual que, por un lado, es la prolongación de nuestra energía personal y, por el otro, representa la compensación necesaria que garantiza el equilibrio con las sustancias naturales que nos brinda la madre naturaleza.

Sexo y alimentos

La idea de grandes ágapes como sinónimo de bienestar, alegría y fiesta, acompañados de momentos de desenfreno sexual, pertenece al pasado. Encontramos ejemplos en la mitología, en las bacanales romanas (culto a Dioniso o a Baco) en las que la comida y el sexo tenían una coincidencia espacio-temporal, al igual que en los aquelarres y las orgías medievales.

En la actualidad se practica el sexo, sin más combinaciones. El culto al bienestar de la mente y del cuerpo, ligado a las mansas redondeces, del binomio arroz-sexo, ha sido sustituido por la exigencia de estar delgado. Consecuencia de ello es que se ha perdido el culto por los grandes festines, que se consideran perniciosos para la salud y la actividad sexual. El eje placer-salud se ha desplazado al sexo, y a los alimentos proteicos y afrodisíacos, que sirven para producir el carburante necesario para alcanzar el cenit del placer. Incluso la asociación de alcohol y sexualidad ha venido a menos. Se ha demostrado con creces los daños irreversibles que produce el alcohol en la libido. Por último, subsisten dudas fundadas acerca de la predisposición afrodisíaca de las comidas picantes y del cacao.

Sin embargo, la relación entre comida y sexualidad se sustenta en pruebas demostrables científicamente. Tal como nos enseña la neurofisiología, existe una estrecha relación entre comida y sexualidad. Se sabe que del hipotálamo, un pequeño grupo de células nerviosas situado en el centro de la caja craneal en dirección frontal, dependen instintos como el hambre, la sed y la sexualidad. Sin embargo, el aspecto más interesante es, sin duda, el psicológico, que pone de relieve analogías evidentes entre los comportamientos alimentario y sexual.

Hoy en día se puede afirmar con seguridad que el eyaculador precoz tiene un comportamiento alimentario acelerado: come rápida y ávidamente, no mastica, engulle. Asimismo, la mujer que tiene una actitud de rechazo por la comida, pero sin ser anoréxica, demuestra sentir rechazo también por la sexualidad. Las personas que en la mesa se comportan con maneras distantes reflejan una tipología desdeñosa, también en la sexualidad.

Es importante darse cuenta de que el instinto tribal del hambre y de la sexualidad —feroz y agresivo debido a que tiene su origen en una pulsión— está constantemente moderado y modulado por el pensamiento, por la filosofía de vida de cada persona y por las emociones. La mesa es el lugar donde se come, pero al mismo tiempo en ella tiene lugar un fenómeno de socialización, de fiesta. La mesa es, en definitiva, un himno a la vida. A partir del destete, la mesa es un punto en donde se polariza el crecimiento y se tejen las relaciones tanto familiares como sociales, sin olvidar las sentimentales. Pensemos, por ejemplo, en una

cena en un restaurante con una persona que nos gusta, en donde la comida, el diálogo, las miradas y los pensamientos configuran poco a poco
un momento rico en preliminares, que conducen necesariamente al
despertar de un deseo sexual incontenible, que podría adquirir una
fuerza capaz de poner patas arriba sillas y mesas con tal de llegar a la
consumación. En la misma circunstancia, pero con tipologías de personajes diferentes, podemos encontrar chicos un poco tímidos que no pa-
ran de comer y notan el asalto del deseo sexual, aunque atemorizados
por el recuerdo de algún fracaso.

Partiendo de la base de los ocho tipos de carácter de los que hemos
hablado antes (véase págs. 101 y 102), hemos analizado la relación entre la comida y la sexualidad, y hemos intentado describir el comportamiento presumible de cada una de las categorías, agrupándolas en cuatro modalidades de comportamiento:

• Los tipos flemático y sentimental se centran en la lógica y en el aspecto racional de las cosas, prefieren atenerse a normas de referencia y
tomar las decisiones siguiendo tradiciones seguras y fiables o respetando los datos que se desprenden de los cálculos estadísticos. Ambos
tipos representan el estereotipo de comportamiento de trabajo y fatiga.
La relación con la comida sigue unas líneas precisas en cuanto a cantidad y calidad. Pueden participar en grandes festines, pero sólo comiendo alimentos selectos, en los que no se pierde la naturalidad de los
productos y de la cocina típica tradicional. La sexualidad se orienta de
forma similar: el placer se convierte en glotonería, en voluptuosidad
de la carne, en placer telúrico de los sentidos.

• Los tipos histriónico y lunático son mutables, inapresables y presentan un estado de continua metamorfosis. Estas personas se adaptan a
las distintas situaciones, respetando las exigencias impuestas por los
demás y por el contexto general. El placer de la mesa se desplaza a las
relaciones con los demás, obteniendo el placer-éxito de la convivencia.
Demuestran ser flexibles y adaptables, con grandes dosis de curiosidad por el placer que los demás experimentan con la comida. En la sexualidad descubrimos idénticos reflejos de curiosidad por el erotismo
del otro. En la relación de pareja, uno de los mecanismos que desen-

cadena el eros es la declaración de placer por parte de la pareja, que los pone en órbita.

• Los tipos nervioso y pasional son eclécticos e inconstantes. Su filosofía se basa en la relatividad de la vida. En determinados momentos se involucran mucho, y en otros permanecen totalmente aislados. Su comportamiento parece sintetizarse en la independencia, para lo que poseen diferentes mecanismos. En la mesa muestran una curiosidad sin fronteras por los ingredientes y sus efectos, sus orígenes, buscando el consenso del gusto, alcanzado después de una meticulosa y tendenciosa investigación culinaria.

• Los tipos colérico y sanguíneo se centran en la necesidad continua de probar y experimentar nuevos objetivos de vida, tanto en el terreno social y sentimental, como en el área profesional. La represión de la necesidad continua de renovación se traduce en una reacción irascible. A veces, la rapidez y el deseo de consumar la acción, quemando etapas, les deja poco espacio para el placer profundo, para saborearlo lentamente. El comportamiento natural de estos dos tipos es «picar» un poco aquí y por allí. Para ellos, la variedad de platos del bufé, o aún mejor, el *self-service*, representa la funcionalidad y la rapidez. En la vida sexual la constante es alcanzar inmediatamente el placer, sin excesivos preliminares, quemar y gozar, el «aquí te pillo, aquí te mato» con diferentes alternativas de pareja puede ser una posible solución. En la mesa necesitan pocas cosas, pero sin que se eche en falta nada necesario, especialmente alimentos para morder y masticar, a ser posible picantes y excitantes. En la cama reclaman una pareja ardiente y complaciente, de orgasmo fácil, que no tarde en estar dispuesta a la penetración, sin demasiados preámbulos; lo importante es encontrar algún lugar para hacerlo, y el resto llega por sí solo.

Tercera parte

LA VIDA EN PAREJA

La rutina cotidiana

La gestión de la vivienda y del dinero

Cuando se decide vivir en pareja hay que realizarse algunas preguntas que nos ayudarán a mejorar la convivencia cotidiana.

— ¿Han de trabajar ambos para mantener a la familia?
— ¿Cómo se repartirán las tareas del hogar? ¿Quién cocinará, ordenará la casa, fregará los platos, gestionará la economia familiar...?
— En caso de que haya hijos, ¿quién se encargará de llevarlos al colegio y de recogerlos?
— ¿Puedo seguir disponiendo de tiempo libre para realizar mis actividades personales como ir al gimnasio, salir con los amigos...?

Hay que tener presente en todo momento que en la convivencia no hay que dar nada por descontado. En una relación siempre hay que dejar bien claro todo lo referente a nuestras aspiraciones personales, deseos y preferencias; en caso de que las diferencias entre los dos miembros de la pareja sean muy profundas lo mejor es pactar los puntos de acuerdo.

Ambos integrantes de la pareja tienen derechos y obligaciones.

Sin embargo, no existe una norma general válida y exacta para todas las parejas, y mantenemos la constante de no caer en generalizaciones inútiles. Sin embargo, y a pesar de la complejidad del tema, podemos efectuar algunas consideraciones dictadas por el sentido común y que se han repetido y se repetirán en la vida de muchas parejas.

Consideraciones que se pueden plantear	Es conveniente no olvidar que
Por parte de la mujer	
«Es necesario que trabajen los dos para mantener a la familia, pero la mujer asume el doble de carga porque cuando llega a casa tiene que seguir trabajando».	No es fácil sacar la familia adelante, pero la calidad de vida no depende exclusivamente de los bienes materiales, sino de la posibilidad de mantener una relación tranquila y apacible. Conviene valorar las necesidades de la familia y, si se llega a la conclusión de que es necesario contar con dos salarios, y ambos tienen horarios parecidos, la dedicación al trabajo doméstico deberá ser parecida. Si el hombre no logra identificarse con este tipo de labores, quizá porque ha sido educado de otro modo, puede probar pacientemente las diferentes tareas y, si se muestra negado en particular para alguna de ellas, se pueden dividir las responsabilidades, pero sin que ninguno de los dos pierda su identidad.
«Me gustaría triunfar profesionalmente y al mismo tiempo dedicarme a mis hijos y a la casa, pero no soy capaz de conjugar ambas ocupaciones».	La mujer tiene capacidad para desempeñar infinitas funciones. La dificultad está en el tiempo que tiene a su disposición, por lo que muchas veces es imprescindible contar con la ayuda o los servicios de otra persona. Esta fórmula es un recurso para no tener que renunciar a demasiadas cosas. Por otro lado, un grupo de madres puede ponerse de acuerdo para

(continuación)

turnarse en el cuidado de sus propios hijos y de algunos niños más, vecinos o compañeros del colegio, del centro deportivo, de manera que se tiene ocupado un día entero, pero a cambio se ganan días libres. Las guarderías son otra alternativa. La clave es no perder tiempo en desplazamientos y atender a otros niños, aparte de los de la propia familia. Si analizamos con más detenimiento las pérdidas de tiempo, muchos objetivos se hacen factibles, pero cuando se da el caso de tener que efectuar una opción, ante la imposibilidad de contar con ayudas ni de encontrar estrategias válidas, es conveniente considerarlo una elección y no una renuncia, porque favorece la tranquilidad.

«Que la lucha feminista sirva para algo: ¡que se encargue el hombre de lavar los platos!»

La lucha de los años sesenta y setenta fue necesaria para sacar a muchas mujeres de una situación de explotación. Como en todas las revoluciones, hizo falta un momento de exaltación y de radicalización que permitió dibujar un panorama de emancipación femenina en un contexto que posteriormente sería más moderado. Quizá para mantener el equilibrio de una pareja sea necesario que el marido lave los platos... pues, ¡bienvenida sea esta costumbre!, aunque sin menospreciar la ayuda del lavaplatos. No olvidemos que

(continuación)

en la base del entendimiento de una pareja debe haber un sentimiento de colaboración mutua, que no despersonalice a ninguno de los dos y ayude a mantener el buen sentido.

«Ha habido que luchar mucho para lograr la igualdad: pues, que los dos se ocupen del orden de la casa; ¡la mujer no es una esclava!»

Para colaborar hace falta disposición por parte de ambos, sin que sea necesario que uno de ellos tenga que notificar

Por parte del hombre

«Mi mujer se ocupa con naturalidad de las tareas del hogar y controla las personas que la ayudan (asistenta, canguro); en cambio, para mí hacerlo representa un esfuerzo que me resta concentración en mi trabajo».

siempre las tareas al otro. Si el hombre se ve incapaz de desempeñar las tareas domésticas y carece de sentido práctico en la casa su compañera puede llevar la casa, siempre que sea compatible con sus aspiraciones profesionales. Lo mismo sirve para el caso opuesto, en el que es la mujer quien tiene una ocupación que requiere más esfuerzo que la de su compañero.

«Me gustaría ayudar en casa, pero al salir del trabajo también tengo ganas de descansar y de ir al bar».

Colaborar significa llevar conjuntamente la casa, y no sólo pensar en ayudar. Si se afronta con esta mentalidad, es posible encontrar la manera de conciliar las obligaciones del hogar con el ocio de ambos.

«La mujer tiene que cuidar a los hijos, al marido y ocuparse de la casa, preparar "comiditas" y coser, mientras el hombre trabaja fuera de casa».

Entrados ya en el tercer milenio, esta mentalidad puede parecer un poco retrógrada. Actualmente las mujeres tienen estudios y para ellas

La gestación: algo cambia en el amor de la pareja

La gestación es una experiencia tan intensa que la pareja debe considerarla como el resultado de una elección. El espacio que ocupa no es nada desdeñable desde muchos puntos de vista, y comporta una serie de cambios que se aceptan mejor si se consideran ligados a una elección. Pero, incluso cuando el embarazo llega inesperadamente, parece como si la naturaleza hubiera tomado la precaución de destinar los nueve meses a dar tiempo a la pareja para que se hagan con el papel de padres y se encarguen de todo lo necesario.

Uno de los muchos cambios que frecuentemente comporta la gestación es el de domicilio. Pero procuraremos ir paso a paso, analizando los trimestres uno por uno.

PRIMER TRIMESTRE

Los cambios tienen lugar desde los primeros momentos, incluso cuando todavía no son apreciables visualmente en el físico.

Durante las primeras semanas, la mujer nota la transformación de su cuerpo. Las sensaciones son muy personales (vientre hinchado, aunque a simple vista parezca todavía plano, senos turgentes y doloridos, mirada más profunda, náuseas matutinas, además de somnolencia y cambios repentinos en el estado anímico), pero casi siempre repercuten en las relaciones interpersonales, incluyendo la relación con la pareja, y generan un estado ansioso.

Las primeras dificultades están dictadas por el hecho de que el futuro hijo está ocupando un espacio, ya antes de que sea posible reconocer su presencia conscientemente. Según nuestra experiencia de terapeutas, las frases más comunes que suelen pronunciar las mujeres embarazadas durante las primeras semanas son del tipo «Noto que he engordado, no me puedo abrochar las faldas, pero no siento ninguna emoción materna, sino más bien un cierto fastidio por este estado»; «No noto lo que le está ocurriendo al feto, no sé cómo comportarme porque temo constantemente cometer acciones perjudiciales, y al mismo tiempo no quiero condicionarme inútilmente»; «No sé cómo comportarme con mi marido cuando me pide que hagamos el amor»; «Me da miedo estar influenciada y controlada por algo que crece dentro de mí y que se escapa al control de mi mente»; «Me parece vivir una de esas películas de ciencia ficción en

(continuación)

las que un alienígena se apodera de un cuerpo y crece en su interior, absorbiéndole la energía»; «Me transformaré y no volveré a ser nunca como antes, tendré que cambiar toda la ropa y mis costumbres».

El hombre encuentra dificultades de implicación porque todos los cambios que condicionan a la mujer son difícilmente perceptibles en la realidad exterior. Se puede encontrar un buen porcentaje de hombres que reaccionan con orgullo mezclado de dulzura: la conciencia de que junto a la propia pareja se está procreando desencadena el síndrome de omnipotencia, y el futuro padre se ufana del embarazo en curso, aprovecha cualquier ocasión para hablar de ello con todos y se endiosa a sí mismo y a su propia pareja. Conviene tener presente que el comportamiento masculino puede cambiar a causa de una auténtica alteración hormonal que reduce su nivel de agresividad, debido al olor de la prolatina emanado de la mujer embarazada.

Desde hace años, las nuevas tecnologías facilitan un seguimiento del embarazo que permite tranquilizar a la pareja. La ecografía ofrece la posibilidad de oír la actividad cardiaca del feto y verlo en un monitor. El resultado es estremecedor: se puede ver la vida desde las primeras semanas, lo que calma las ansias y los miedos, porque se aprecia la autonomía del feto, que sabe perfectamente cómo superar las etapas de su desarrollo. Es aconsejable que las parejas que se sientan inseguras asistan conjuntamente a un control ecográfico cuanto antes, porque en general tiene efectos tranquilizantes y predispone para la llegada del hijo.

SEGUNDO TRIMESTRE

Transcurridos los tres primeros meses de embarazo, llega una etapa de reequilibrio. La pareja ha asumido la nueva situación. En la mujer los cambios físicos se estabilizan, el feto se ha implantado en el útero y el riesgo de aborto se ha reducido significativamente. A partir del quinto mes se pueden notar los movimientos del feto, que ayudan a contener el ansia y el temor por su salud. Es como si, en cierta manera, se iniciara un diálogo entre el hijo y los padres, que tienen una percepción más concreta y tangible del nuevo ser.

La vida sexual se reanuda. Muchas mujeres dicen tener un grado de excitación superior, que puede explicarse por los cambios hor-

(continuación)

---

monales y de la fisiología del feto. La barriga puede representar un obstáculo, pero no impide en modo alguno la unión de la pareja.

TERCER TRIMESTRE

El último trimestre a muchas parejas se les hace interminable. Por un lado empieza la cuenta atrás y la inquietud por llegar al final. El peso de la barriga y los cambios físicos de la mujer, ahora ya muy evidentes, pueden causar dificultades en la relaciones sexuales de la pareja.

Los problemas acusados con más frecuencia por las mujeres son:

— cansancio;
— inquietud;
— deseo de recibir caricias, pocas ganas de sexo e incompatibilidad de esta sensación con la actitud deseosa del marido;
— dificultad para aceptarse, temor de no volver a ser delgada y de no estar nunca más en forma;
— dificultad para mantener un humor constante y para retener las lágrimas;
— incapacidad para mantener el ritmo de vida anterior;
— «A mi marido le encanta la idea de tener un hijo, pero tengo que pasarlo todo yo: las revisiones, los análisis, los cambios físicos, el dolor del parto...».

FRASES QUE CON MÁS FRECUENCIA DICEN LOS HOMBRES

— «No sé cómo desahogar la energía sexual; cuando hacemos el amor tengo miedo de hacer daño a mi mujer o al niño, pero las ganas están ahí y resulta difícil mantener la fidelidad».
— «Al estar tan gorda, mi mujer me parece otra».
— «Me gustaría estar más disponible y satisfacer las peticiones de mi mujer, pero estoy constantemente nervioso por miedo a no ser capaz de mantener una familia».
— «Noto que mi mujer no me hace caso: antes me preparaba comidas suculentas y me hacía masajes, y ahora no hace más que ponerse cremas; siempre está pringosa y cansada».
— «No pienso asistir al parto, la sangre me marea».

Por mucho que los futuros padres se esfuercen en no causar preocupaciones a su pareja, guardando para sí mismos algunas de las consideraciones expuestas, para ambos es conveniente que haya diálogo. Cuando se cree no ser comprendido, hay que explicarse con claridad.

No se debe olvidar nunca que un hijo se tiene entre los dos. A pesar de que la mujer es la gran protagonista del embarazo, el hombre también ha de sentirse involucrado. ¿Cómo? ¡Pues participando del embarazo y asistiendo al parto! En las visitas al ginecólogo, la presencia discreta y racional del hombre ayuda a su compañera a hacer más llevaderas las continuas revisiones.

> Participar en el parto no debería ser una opción, sino una adhesión implícita.

Nadie ha logrado todavía explicar el motivo por el cual un momento tan feliz como es la llegada al mundo de un nuevo ser tiene que ir acompañado de tanto dolor. Ciertamente este se soporta mejor cuando se crea una situación favorable desde el punto de vista emotivo. En la sala de partos, el hombre debe sentirse indispensable. Si hay un buen entendimiento, se puede vivir el parto con toda la magia que efectivamente encierra, lo que representa una ayuda para soportar el dolor físico y favorece la proximidad paterna al recién nacido.

Estos presupuestos vencen las reticencias femeninas de exponerse a ojos del marido en condiciones poco atractivas, y el recelo de sentirse a disgusto en las futuras relaciones sexuales. En la sala de parto es importante situarse al lado de la partera, y no de frente como hacen el médico y la comadrona.

Estando juntos se alivia el dolor

CONSEJOS PARA UN PARTO MENOS DOLOROSO

— se puede pedir la epidural, un analgésico local que permite el parto espontáneo y alivia el dolor de las contracciones;
— el compañero puede masajear la zona lumbosacra de la mujer con unas gotas de aceite de lavanda, que actúa como anestésico local;

(*continuación*)

> — mientras dura la contracción hay que respirar lenta y profunda-
> mente. A veces esto no es posible por el dolor; en tal caso el hom-
> bre puede contar, marcando el ritmo de la respiración;
> — se puede escuchar una música que facilite la relajación;
> — cuando sea posible, hay que cantar canciones que se hayan he-
> cho escuchar al feto durante el embarazo.

Hacer el amor ayuda al amor

La pareja debe permanecer unida. Antes del parto, la carga sexual, que difícilmente disminuye en el hombre, no debe inhibirse, ya que el acto sexual es beneficioso también para la mujer, salvo en casos en los que exista contraindicación. Ayuda a descargar una tensión emotiva superior a la normal, una tensión muscular debida a la disminución de la actividad física y a experimentar sensaciones corporales agradables, que se contraponen a las molestas, pero necesarias, exploraciones ginecológicas. Además, hay un aspecto científico que explica la necesidad de alargar las relaciones sexuales hasta el final del embarazo: las prostaglandinas contenidas en el líquido seminal favorecen una mayor contracción neuromuscular en la mujer, que ayuda en el trabajo y en el parto.

Después del parto

Aunque al principio pueda no apetecer o, incluso, provocar miedo, cuanto antes se reanude la actividad sexual, antes se descubrirá que afortunadamente la capacidad orgásmica no ha sufrido variaciones. Si ha sido necesario practicar una episotomía, la mujer tendrá dificultades, incluso cuando la herida ya está perfectamente cicatrizada. El hombre, en cambio, puede tener miedo de hacer daño a su compañera. También puede desencadenar el mecanismo psicológico de confundir a la mujer con la madre, por el hecho de haberla visto dar a luz. La lactancia influye notablemente en la libertad de acción durante el acto sexual. Se hace difícil entender que los senos, una de las principales zonas erógenas, ahora sirvan para alimentar al hijo. Por otro lado, aunque estéticamente puedan ser más atractivos por el aumento de sus dimensiones, a veces duelen y pesan, hasta el punto de que condicionan algunas posiciones durante la relación sexual.

Si la pareja emprende la vía de un diálogo constructivo y objetivo para valorar los distintos aspectos del comportamiento sexual, incluidos los miedos y los dolores, es más probable que pueda superar las dificultades y recuperar el grado de satisfacción normal. Con resistencias y pretextos se corre el riesgo de enturbiar mucho la relación, a veces de forma irreparable. En cualquier caso, si la pareja tiene dificultades deberá consultar a un especialista en ginecología o sexología.

Ser padres

La pequeña comunidad se amplía. La pareja tiene el derecho y la obligación de mantener, educar e instruir a los hijos. Los padres, de común acuerdo, tienen la facultad de elegir los métodos y los instrumentos educativos, los colegios, las instituciones religiosas, culturales y recreativas en las que desean que participen sus hijos.

El papel de padre implica participar en una dimensión social bastante absorbente, hecha de múltiples modelos de vida, que hace más compleja la transmisión de los valores tradicionales y de los comportamientos lineales. Hasta los años setenta la pareja con hijos se centraba en el éxito económico y social de la familia. Hoy, los componentes psicológicos son más amplios. A partir de los años ochenta, los padres aspiran también a la gratificación individual, en detrimento de la solidaridad familiar y la cohesión de la pareja.

En la sociedad actual se habla con frecuencia de la crisis de la institución familiar, pero, en realidad, lo que va a menos es el modelo tradicional de familia. Cambia el contexto sociocultural en el que se constituye, la relación entre los componentes de la pareja base, la edad a la que se decide procrear, la forma de educar a los hijos y las relaciones con las instituciones y otros grupos sociales. En términos prácticos, la dinámica familiar gira en torno a la necesidad de reconocer un espacio al individuo en cuanto tal, y al mismo tiempo, como miembro de una familia.

Actualmente, los pedagogos desconfían de la moral victoriana y de la teoría positivista de la educación basada en la imitación de modelos ejemplares, seguida durante siglos. Ha cambiado el contexto, que hoy

en día está centrado en las necesidades y en el proceso de desarrollo individual. En consecuencia, se tiene más respeto por la personalidad de
los hijos. La función de los padres es hacer que el individuo aproveche
su potencial (intelectual, afectivo, social, creativo, religioso...), en armonía con un desarrollo ordenado y equilibrado. ¡No es poca, la responsabilidad de los padres! Pero no hay nada que temer. El adulto capaz de educar no es aquel que tiene todas las soluciones ya preparadas,
sino aquel que sabe estar a la espera y que sabe escuchar. El padre ya
no es la encarnación de la norma y de la regla, sino un punto de apoyo,
un consejero que sabe escuchar, comprensivo y que, cuando es necesario, sabe animar y corregir.

La pareja con hijos tiene ante sí el desafío, complejo y emocionante,
de educar. Cada uno, padre y madre, debe desempeñar un función que
permita establecer unas relaciones familiares constructivas y leales.

EL PAPEL DE LOS PADRES EN EL NUEVO MILENIO

La elección: tener hijos es el resultado de unas condiciones cada vez menos marcadas por la necesidad y más por la voluntad.	La actitud ante el fenómeno de la procreación es diferente, en parte por la posibilidad de usar métodos anticonceptivos. La llegada de los hijos es una elección, no una necesidad de mano de obra, tal como ocurría tiempo atrás en el campo.
La inversión en recursos para el hijo a veces alcanza cotas exageradas.	Se intenta que el hijo tenga la posibilidad de realizar estudios superiores y una gran variedad de estímulos y de experiencias en distintos contextos socioculturales.
Se asume la función de estructura de protección y apoyo a más largo plazo.	La familia garantiza a sus hijos la cobertura económica, en algunos casos incluso cuando ya lleva a cabo un trabajo retribuido.

(continuación)

Se permite la independencia y la autonomía de los jóvenes.	La función protectora de la familia favorece la emancipación en sectores culturales y sociales.

Riesgos que pueden llevar a la ruptura de la pareja

Disminución del deseo afectivo y sexual

Puede ocurrir que el deseo afectivo y sexual sufra inflexiones, con el consiguiente riesgo de ruptura de la pareja. A menudo esto es consecuencia de modificaciones importantes, y muchas veces se produce después de celebrar el matrimonio. Depende mucho de los caracteres y de la personalidad de los miembros de la pareja, de la forma en que se comportan en las diferentes situaciones de la vida cotidiana, de las responsabilidades y de la importancia que concede cada uno a la unión. Es una relación delicada, el afecto y el enamoramiento deben ser cuidados y realimentados continuamente. La evolución del amor de la pareja depende de su espíritu constructivo, de la capacidad de relacionarse y renovarse. El diálogo, el conocimiento de la fragilidad emotiva mutua y la disponibilidad para reforzar y mejorar los comportamientos positivos, con el propósito de mantener vivos el amor y la sexualidad, son las bases para que la unión sea feliz y duradera.

La memoria del pasado

¿Se debe acabar con las viejas amistades? ¿Se puede conservar la relación con alguien con quien se había salido anteriormente? ¿Se puede estar celoso porque la pareja ha tenido historias sentimentales antes de la actual?

Por lo general, el pasado forma parte de la experiencia adquirida sobre el sexo opuesto. Un individuo con sentido crítico y constructivo, en el momento de instaurar una nueva relación sentimental, cuenta con relativa facilidad sus experiencias amorosas pasadas. Es posible que algunas personas más introvertidas omitan algunos episodios, que más tarde sean objeto de discusión o que se conviertan en un verdadero problema que amenace la integridad de la pareja.

Asimismo, hay personas de carácter muy posesivo que pretenden saber todo lo que hace referencia a su pareja y que, sin embargo, no toleran algunos de los episodios, y crean un problema que pone en peligro la estabilidad de la relación.

En los casos más difíciles, cuando existe la voluntad de construir una unión duradera, es conveniente contar con la ayuda de un terapeuta especializado en problemas de pareja.

Las relaciones con los padres y los suegros

¿Qué costumbres de la familia de origen conviene conservar y cuáles hay que cambiar? ¿Qué consejos se pueden aceptar de la madre y de la suegra? ¿Cuánto tiempo hay que dedicar a los padres?

Actualmente los jóvenes viven en casa de sus padres hasta una edad muy avanzada. Ello comporta, por un lado, que tengan más autonomía, desde el punto de vista de la dinámica de la pareja, y en el campo afectivo y sentimental desde la adolescencia. Por otro lado, esto representa una suspensión de las obligaciones sociales, de las responsabilidades de la vida adulta y de ocuparse de las cosas de cada día. El vínculo que se crea con la familia en la que se ha crecido es quizá más fuerte que un tiempo atrás, y puede tener un cierto predominio cuando se da el paso de vivir en pareja. La tendencia a conservar hábitos de la familia de origen y el deseo de mantener una relación estrecha con ella, pueden agobiar a una de las partes.

Hemos observado que normalmente la mujer tiene más dificultades en este sentido. Al principio de la convivencia, se esfuerza por llevar la casa, una tarea que hasta ese momento sólo ha aprendido parcialmente en su propia familia, pero entonces surgen una serie de situaciones ridículas y frustrantes del tipo:

— la suegra, deseosa de continuar dando lo mejor a su hijo, se prodiga en consejos, cuando no se muestra crítica, sin dejarle la autonomía suficiente en una casa que no es la suya;

— el marido dice frases como: «Mi madre me preparaba el fricandó cociéndolo a fuego lento durante horas».

Aprender a llevar la casa, sin desatender las demás tareas, no es fácil. Hay que esforzarse desde el principio, sin tener que recurrir a los padres. La emancipación total es gratificadora para estos, porque les da la satisfacción de verlos autónomos. El afecto sano no está hecho de posesividad, sino de realizaciones. La libertad del individuo y, por consiguiente, la felicidad de la pareja, han de prevalecer con respecto a la familia de origen.

El deseo de tener un hijo

La llegada de un hijo, sobre todo del primero, conlleva cambios muy importantes en la pareja por lo que respecta a ritmo de vida, relaciones conyugales, necesidades y disponibilidad. La historia personal y de pareja se transforma en historia familiar.

En las últimas décadas se ha asentado como condición indispensable la realización del individuo, que frecuentemente condiciona y retrasa la procreación. Por otra parte, el deseo de estar en condiciones de poder dar lo mejor a los hijos se convierte en un freno, ya que «lo mejor» siempre parece inalcanzable.

A pesar de que estas consideraciones son igualmente aplicables a la mujer, suele ser ella la que plantea al hombre la posibilidad de tener un hijo. Una edad típicamente crítica para la mujer son los treinta años, momento en que parece surgir la necesidad de crear un marco que haga factible la posibilidad de tener un hijo, en un plazo de tiempo razonablemente corto. A cierta edad se tiene la sensación de que el tiempo se escapa de las manos y los años pasan muy rápidamente, y surge el miedo de no ser capaz de consolidar las condiciones que permitan ser padre. Es como si no se pudiera combinar la realización profesional, la vida sentimental y la maternidad. Entonces, se produce la crisis.

En el hombre el deseo de paternidad es más tardío. Por otro lado, la edad del padre condiciona menos que la edad de la madre, en lo que se refiere a las probabilidades de enfermedades y malformaciones del feto.

Hemos tenido ocasión de recoger las confesiones de personas que se encuentran en el dilema de ser padre. En resumen, les asusta la dedicación total que exige este papel, y la necesidad de dar ilimitada y constantemente. La frase que sintetiza los temores ante el difícil papel de ser padre es:

> Ya tengo suficientes ocupaciones y tengo que renunciar a muchas cosas; no creo que pueda asumir una responsabilidad tan grande como es la de ser padre.

Empeñados como estamos en el éxito personal, vivamos o no en pareja, a menudo olvidamos que ser padre también contribuye a la realización personal, porque los hijos son una experiencia única, la obra maestra de nuestra vida. Este es el concepto clave que puede servir para convencer al compañero que opone resistencia a la tendencia natural a la procreación.

Cuando ambas partes manifiestan explícitamente el deseo de tener un hijo, pero este tarda en llegar, la situación se hace delicada. La circunstancia de desear un hijo y no poder tenerlo se da aproximadamente en el 18 % de las parejas. En la mayor parte de los casos el problema tiene solución, puesto que en la actualidad existen tratamientos efectivos para muchos de los casos de presunta esterilidad que no hace muchos años se consideraban irresolubles. La esterilidad es un problema de pareja, no sólo porque afecta a la vida de ambos, sino porque cualquiera de los dos (o ambos) pueden ser los responsables. Puede ocurrir que ni el hombre ni la mujer sean totalmente estériles, pero que la combinación forme una pareja incapaz de procrear. Para afrontar el problema es preciso efectuar una serie de análisis. Es importante apoyarse mutuamente, evitando acusaciones inútiles e intentando contener el estrés que conllevan estas situaciones. No olvidemos que en muchos casos en las dificultades para llegar al embarazo intervienen factores psicológicos que tienen repercusiones somáticas, pero los futuros padres no siempre los identifican como tales, con lo que la espera se alarga.

El amor y el estado anímico de la pareja determina en gran medida el acto de amor por excelencia, traer un hijo al mundo.

El tabaco

Si en la pareja sólo fuma uno, ¿hay que delimitar las zonas para fumar? ¿Qué precauciones se pueden adoptar para evitar las molestias y los efectos nocivos que causa el humo del tabaco? Cuando la pareja fuma, es conveniente vaciar con asiduidad los ceniceros y abrir ventanas para ventilar la vivienda, ya que de no hacerlo el humo acaba impregnando los tejidos de los sofás, cortinas, etc. En el dormitorio, debería evitarse fumar.

Pero, cuando sólo es uno el que fuma, deberá procurar no condenar al otro al papel de fumador pasivo. Fumar un cigarrillo en la mesa o en el sofá procura un sabor y una satisfacción superiores a fumar aquel mismo cigarrillo en un balcón o en una ventana, sobre todo en invierno. Ante esta disyuntiva, dejaremos que impere el sentido común. Por parte del fumador, el sentido común consiste en saber saborear un cigarrillo, o más de uno, pero sin convertirse en una chimenea ambulante. En la mesa, por ejemplo, si el compañero, la compañera o algún otro comensal todavía están comiendo, no se debe encender un cigarrillo, porque mientras se mastica el humo molesta mucho.

Hay infinitas razones para dejar de fumar, pero si la pareja es un fumador empedernido, sin ninguna intención de dejar el tabaco, no sirve de nada sermonearlo y quejarse cada vez que fuma, porque la insistencia provoca la reacción contraria, es decir, fumar más, y además, comporta el riesgo de contaminar la relación personal.

Las incidencias laborales

El éxito profesional es importante para la emancipación individual y la estabilidad económica. Un cambio en la rutina provocado por un traslado, por haberse quedado en el paro o en el peor de los casos, por culpa de un despido, puede desestabilizar al individuo y afectar al equilibrio de la pareja.

El traslado comporta cambios de índole práctica, que repercuten en el tiempo de que dispone la pareja para verse, y en algunos casos implica incluso el cambio de domicilio. Algunos profesionales están obligados a mudarse periódicamente, con lo cual los cambios son más asumibles. Sin embargo, cuando el traslado llega de forma inesperada, conviene analizar todas las repercusiones, para que no dé lugar a malentendidos que pongan en peligro la estabilidad de la pareja. Veamos algunos de los múltiples problemas que pueden surgir:

— si el trabajador que es objeto de traslado decide ir y volver a diario, se reduce el tiempo de convivencia familiar;
— si se opta por el cambio de domicilio, la pareja puede sentirse arrastrada y obligada a abandonar lugares y personas con las que tiene fuertes vínculos, o también puede lamentarse del esfuerzo extra que representa hacerse a un ambiente nuevo y conocer a otras personas.

Quedarse sin trabajo y pasar a engrosar las filas del paro puede causar preocupaciones de orden económico, con repercusiones psicológicas en la persona afectada. Es aconsejable considerar conjuntamente las dificultades que se presentan en una circunstancia de este tipo, procurando valorar la situación con objetividad. Al formar parte del problema, existe el riesgo de no valorarlo con la distancia necesaria para no dar lugar a equívocos. Si la pareja se entiende bien, se puede afrontar con éxito este problema, pero si las cosas se tuercen, es importante contar con el soporte de un terapeuta, que desde su perspectiva externa podrá ayudar a centrar el problema. Las preocupaciones que genera estar sin empleo originan un estado de continuas inflexiones en el ánimo y que inevitablemente repercuten en la relación sentimental.

La jubilación

La jubilación es un acontecimiento de doble cara: por un lado, puede tener un efecto depresivo, porque sentirse pensionista implica entrar en la tercera edad, con los temores que ello conlleva (echar de menos las relaciones personales laborales y el esfuerzo que genera el trabajo); por otro lado, proporciona tiempo para dedicar a la creatividad y a la imaginación, porque finalmente se tienen todas las horas del día a libre disposición. Todo ello comporta un reajuste total de la rutina diaria y, en consecuencia, de la relación con el compañero. Se puede empezar a viajar, a participar en círculos culturales o recreativos, en tareas de voluntariado, etc. En este caso, aconsejamos llevar a cabo de forma conjunta las nuevas actividades, porque es importante siempre cuidar la pareja. Las manifestaciones de cariño refuerzan el amor a todas las edades.

La separación y el divorcio

La separación

La separación no rompe definitivamente el matrimonio. Es un remedio que pone fin a la convivencia de los cónyuges. Puede tener resolución en una reconciliación o desembocar en un divorcio, después de un plazo de tres años.

La separación puede ser:

— acordada: consiste en un acuerdo entre marido y mujer, aprobado por el tribunal con la disposición de homologación, que se expide después de haber comprobado que no existe ningún impedimento legal de tutela de la familia y de los hijos;
— judicial: la pronuncia el juez a petición de uno de los cónyuges, cuando no se llega a un acuerdo y cuando se confirma la existencia de hechos que hacen insostenible la convivencia.

Con la sentencia de separación, el juez dispone acerca de la custodia de los hijos, que normalmente recae en uno de los miembros de la pareja (en algunos casos excepcionales, en terceras personas o en instituciones públicas). Normalmente, la patria potestad se otorga a la persona que tiene la custodia.

El divorcio

El divorcio implica la disolución del matrimonio. Pone fin legalmente al vínculo de fidelidad y coexistencia de los cónyuges, ateniéndose a hechos ocurridos después de la celebración del matrimonio, a diferencia de la anulación, que se produce en función de hechos que ya se daban antes del matrimonio.

Las condiciones de visitas a los hijos, que ya quedan reguladas cuando tiene lugar la separación legal, suelen ser las mismas, a no ser que se haya constatado la intervención de hechos que impliquen la revisión de las disposiciones.

La custodia de los hijos se concede por regla general a la madre. Desde hace tiempo, los psicólogos destacan la utilidad de la custodia compartida, siempre que esta sea factible, porque responsabiliza a ambos progenitores, en un intento de hacer menos traumática la separación para los hijos. Es una solución excelente, que favorece la instauración de una buena y asidua relación entre los excónyuges, en la que no se reniega del camino recorrido, sino que se acepta la evolución y el cambio de la situación. Para que la custodia compartida funcione con eficiencia, se requiere una cierta proximidad entre las dos viviendas, para no obligar a los hijos a invertir mucho tiempo en desplazamientos.

Son frecuentes los casos en que los hijos sufren las repercusiones de la conducta de los padres, y se convierten en el punto de mira del estrés de estos, que los utilizan como emisarios. Esta manipulación, no sólo es de pésimo gusto, sino que entraña el peligro de desestabilizar la formación emotiva y social de los hijos. Las ansias y las responsabilidades malsanas ejercidas por los padres, producto de su propia incapacidad para mantener la relación de pareja, alteran la tranquilidad de la descendencia, hasta el punto de comprometer su desarrollo afectivo. Los padres separados, y todavía con secuelas emotivas, pueden influir negativamente en el desarrollo afectivo de los hijos, hasta el punto de condicionar sus futuras elecciones en el terreno sentimental.

La familia ampliada

El modelo de familia ha cambiado; han cambiado las relaciones entre los componentes de la familia; se concede una mayor importancia a las necesidades individuales, en detrimento de la cohesión de la pareja y de la solidaridad familiar. Todo ello comporta el aumento de las probabilidades de rupturas y separaciones, cuando se llega a la conclusión de que existen incompatibilidades que no permiten una convivencia feliz.

Un fracaso familiar a veces no disuade a los protagonistas de iniciar otras relaciones, lo que da lugar al fenómeno de la *familia ampliada*, en la que uno o ambos cónyuges construyen una nueva familia. Las relaciones entre cónyuges separados o divorciados con hijos no se cortan nunca de manera absoluta, los hijos mantienen viva la relación. Cuando los excónyuges se enamoran de otras personas e inician nuevas uniones, se amplía la familia.

Las combinaciones son diversas:

— los dos componentes de la nueva pareja tienen hijos de parejas anteriores, de modo que al formalizar la relación conviven todos los hijos, con la consiguiente nueva dinámica familiar;
— la nueva pareja tiene más hijos, de modo que los nacidos de la primera unión tienen hermanos nacidos de la unión del padre o de la madre con otra persona. Una característica de esta situación es la diferencia de edad entre los hermanos y la convivencia con sólo algunos de ellos.

Las familias involucradas suelen ser tres: la separada y las nuevas del padre y de la madre. Las relaciones que se crean a buen seguro son ricas y activas, y requieren de los individuos una buena capacidad de relacionarse para superar las combinaciones de afectos, sentimientos, celos y posesividad.

En estas circunstancias, son muchas las dificultades que pueden surgir y, una vez más, las víctimas más frágiles de la incomprensión y de las relaciones emotivamente alteradas son los más pequeños. Por tanto, es fundamental responsabilizarse de la dificultad que entraña desenvolverse en tres grupos funcionales de personas que no siempre son totalmente proclives al encuentro y a la colaboración. Hay que ser paciente y constante, procurando aportar armonía a las relaciones, teniendo en cuenta los factores emotivos y las manifestaciones de incomprensión que suelen manifestarse con extraordinaria facilidad.

La pareja que crea una familia ampliada es más compleja, porque debe realizar un esfuerzo importante para manejar los elementos afectivos de los hijos anteriores y de los que puedan nacer del nuevo amor.

Envejecer juntos

Un cambio importante en la vida es el término de la vida laboral; que no representa el final, sino un cambio en las obligaciones y la satisfacción que genera el trabajo hacia una dimensión de vida libre, que más que nunca requiere una reorganización centrada en el placer de la existencia. El ritmo de vida cambia por el hecho de no tener que trabajar y por la edad.

La pareja debe adaptarse con entusiasmo a los cambios sociales y biológicos, que encierran aspectos nuevos que deben ser descubiertos.

Además, finalmente se tiene tiempo para dedicarse al estudio con tranquilidad. También se pueden frecuentar asociaciones culturales o deportivas, con un grado de involucración superior al de antes.

Las personas de más de sesenta años muchas veces tienen que desempeñar el papel de abuelos, que comporta una responsabilidad menos directa que cuando eran padres. De este modo experimentan la satisfacción de vivir la continuidad de la familia.

Es interesante descubrir que junto a una relación sexual menos intensa, existe la sensualidad y el placer del contacto afectuoso. Es posible redescubrir el placer global del cuerpo.

Las personas mayores representan una fuerza social con sentido común y madurez para tratar los conflictos con más serenidad. Tienen capacidad para sentirse útiles. En la última década se han creado asociaciones asistenciales culturales y socializadoras. Estos nuevos estudiantes caracterizan una sociedad que tiende a hacer realidad no sólo el arte de amar, sino el arte de envejecer con felicidad.

La pareja que alcanza la tercera edad está formada por personas que tienen intereses culturales comunes y unas posibilidades de relacionarse que no se habían dado jamás en la historia. En el tercer milenio, la pareja mayor muestra su deseo de descubrir nuevas formas de amar, sobre todo a través de las relaciones sociales y culturales.